Auf welche Gipfel wollen Sie?

Florian Goldberg und Michael Haensch

Auf welche Gipfel wollen Sie?

Ein Basistraining für ganzheitlichen Lebenserfolg

LARDON

Umschlag: Sabine Thürnau
Umschlagsfoto: Woods Wheatcroft/corbis
Grafiken: Baja Boekers
Druck: I. G. Marmol, S.L., Barcelona
Printed in Spain

ISBN 3-89769-051-9
www.lardonmediaag.de

Inhalt

Einführung

Wohin es geht

»Menschsein heißt auf dem Weg sein.«
Karl Jaspers

Seit es uns Menschen gibt, stehen wir vor der Frage, wie wir unser Leben führen sollen. – Was ist zu tun, damit es gelingt? Wie begegnen wir erfolgreich den Anforderungen des Alltags? Wie bahnen wir uns den Weg durch Verwirrung und Überforderung hin zu uns selbst? Die Antworten auf diese und ähnliche Fragen sind Legion.

Sie reichen von verstandeslastiger Philosophie bis hin zu gefühlsbetonter Esoterik, von mönchischer Enthaltsamkeit bis hin zur »sexuellen Revolution«, von Religionen, Sekten und Ideologien bis hin zu Lebenshilfebüchern, Erfolgsratgebern und Managementtrainings.

So unterschiedlich die Antworten auch ausfallen, so ähnlich sind sie sich oft in einem Punkt: Sie alle nehmen mehr oder minder das Exklusivrecht für sich in Anspruch, die Frage nach dem richtigen, dem guten, dem erfolgreichen Leben ebenso erstmalig wie end- und allgemeingültig gelöst zu haben.

Das vorliegende Buch tut das nicht.

Wir, die Autoren, sind weder der Meinung, wir hätten das Rad neu erfunden, noch warten wir mit einer abschließenden Theorie über das Leben auf. Was wir bieten, sind eine Reihe von Werkzeugen für den jeweils eigenen Umgang mit zentralen Lebensfragen. Werkzeugen, mit denen wir selbst seit einer Reihe von Jahren persönlich wie beruflich arbeiten und von denen wir eines wissen: sie funktionieren!

Es handelt sich um Basismaterial, um sich an die Arbeit zu machen und bestimmte grundsätzliche Fragen selbstständig zu beantworten: Wie finde ich heraus, was ich wirklich will, und wie setze ich mir Ziele? Wie motiviere ich mich zu Höchstleistungen? Wie begegne ich Krisen? Was kann ich tun, um meine Beziehungen positiv zu gestalten? Und last, not least: Wie führe ich die vielleicht wichtigste Beziehung meines Lebens – die Beziehung mit mir selbst?

Auf unsere genaue Berufsbezeichnung angesprochen, antworten wir gern mit einem Begriff, den wir aus dem Englischen übernommen haben, weil es für ihn im Deutschen keine wirkliche Entsprechung gibt: Wir sind weder Ratgeber noch Problemlöser, sondern »facilitators«! Das Wort, ein substantiviertes Verb, kommt von »facilitate«, was »erleichtern« bedeutet. Wenn man den etwas krummen Übersetzungsversuch wagen wollte, verstehen wir uns also als »Erleichterer«. Es geht uns darum, Wege aufzuzeigen, wie Menschen ihr Leben »entkomplizieren« und auf leichtere Weise erfolgreich gestalten können – aus sich heraus, selbstständig, mit eigenem Einsatz! Diesem Grundsatz ist auch das vorliegende Buch verpflichtet.

Wer also lediglich auf anregende Weise unterhalten werden möchte, könnte von der Lektüre möglicherweise enttäuscht sein, denn dieses Buch ist nicht für ihn geschrieben. Es versteht sich als ein *Arbeitsbuch* für aktiv im Leben stehende Menschen, die festgestellt haben, dass es privat wie professionell Bereiche gibt, die sie klären und optimieren wollen, und die darüber hinaus bereit sind, auch etwas dafür zu tun. Ihnen liefert es gedankliche Anregungen und Zusammenhänge. Ihnen macht es Vorschläge, um die angestrebte Klärung und Selbstverbesserung nicht nur als intellektuelle Möglichkeit, sondern als konkrete Lebenswirklichkeit zu erreichen. Um es auf den Punkt zu bringen:

- **Das Ziel dieses Buches ist Ihr persönliches Wachstum!**

Wachstum

Das hört sich erst einmal ganz faszinierend an, nicht wahr? *Ihr persönliches Wachstum.* Aber was genau meinen wir damit? Das Wort Wachstum ist einer dieser unpräzisen Begriffe, die so ein gewisses Gefühl auslösen, als würde alles gleich und wie von Zauberhand gut werden. Ein Wort, um schön Schaum damit zu schlagen.

Werden wir also genauer.

Wenn Sie sich für dieses Buch interessieren, dann haben Sie bemerkt, dass es in Ihrem Leben Schwankungen gibt. Mal fühlen Sie sich stark und unverwundbar. Das sind die Momente, in denen Sie selbstsicher auftreten und ungemein erfolgreich sein können. Ein anderes Mal fühlen Sie sich unklar und verwirrt; egal was sie anfassen, es klappt einfach gar nichts. Das sind die Zeiten, über die Sie am liebsten den Mantel des Schweigens breiten würden. Mal Top, mal Flop.

Aber mit diesem Auf und Ab wollen Sie sich nicht abfinden. Wenn es überhaupt solche Momente gibt, in denen Sie sich im Vollbesitz Ihrer Fähigkeiten fühlen, bedeutet das doch, dass die Möglichkeit dazu grundsätzlich in Ihnen steckt!

Warum also sollte das nicht immer so sein? Mit anderen Worten, man müsste doch über den gegenwärtigen eingeschränkten und instabilen Zustand hinauswachsen können ... Völlig richtig! Und genau das meinen wir mit Wachstum: Eine kontinuierliche Erweiterung des inneren Vermögens und der äußeren Lebensumstände. Aber wie erreicht man das?

Bemühen wir eine Analogie aus der Agrikultur. Bei seinen agrikulturchemischen Untersuchungen beobachtete Justus von Liebig, einer der prominentesten deutschen Wissenschaftler des 19. Jahrhunderts, ein interessantes Phänomen: Abhängig von ihren Böden wuchsen Pflanzen derselben Art unterschiedlich schnell. Die Analyse des Erdreichs ergab, dass optimales Wachstum durch eine bestimmte chemische Zusammensetzung ermöglicht wird. Nach Liebigs Auffassung waren die für die Entwicklung wesentlichen Bestandteile Kalk, Kali, Stickstoff und Phosphat. Sobald es dem Boden an einer dieser Substanzen mangelt, kommt das Wachstum der Pflanze zum Erliegen. Erst wenn der Mangel behoben, also dem Erdreich die jeweilige Substanz hinzugefügt worden ist, kann sich die Pflanze weiter entwickeln. Ebenso interessant – und für den Fortschritt der modernen Landwirtschaft von großer Bedeutung – war dabei die weitere Beobachtung, dass auch Böden in unmittelbarer Nachbarschaft eine unterschiedliche chemische Zusammensetzung aufweisen können und für beste Ergebnisse entsprechend unterschiedlich behandelt werden müssen. Ähnlich verhält es sich bei uns Menschen.

Selbst wenn wir, was heute selten genug der Fall ist, aus derselben Kultur oder sogar derselben Region stammen, bringen wir jeweils völlig andere Voraussetzungen für unsere Entwicklung mit.

Wir alle wurzeln in verschiedenen Böden, mit anderen Worten sind unsere Stärken und Schwächen unterschiedlich verteilt. Daher kann, was den einen fördert, für den anderen völlig wirkungslos bleiben.

Pauschallösungen gibt es nicht. Um also herauszufinden, was genau Sie für Ihr Wachstum benötigen, ist eine gründliche Selbstbetrachtung erforderlich.

Wo ist der aktuelle Mangel?

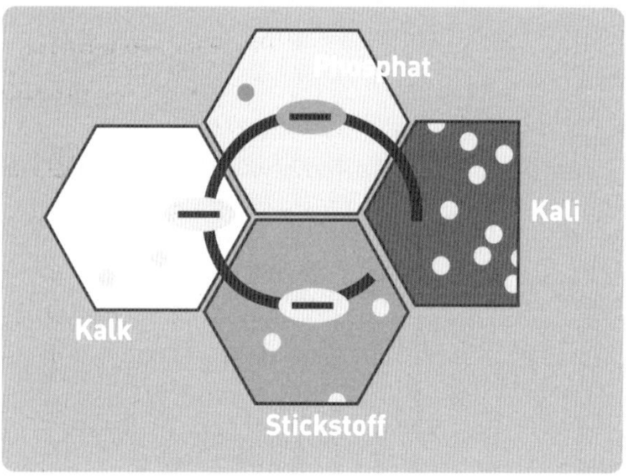

Selbstbetrachtung

»Weil man so viel liest, was andere gesagt haben,
kann es leicht geschehen, dass man nichts über sich selbst
weiß, wer man wirklich ist und
was sich tatsächlich in unserem Inneren abspielt.«

Jiddhu Krishnamurti

Nur Sie selbst können wissen, was in Ihnen vorgeht, wo Sie stehen und was Ihre Motive sind. Andere können vielleicht Ihr Verhalten interpretieren, sie können analysieren, was Sie sagen, können sich eine Meinung bilden und manchmal eine gewisse Hilfestellung leisten. Aber sie stecken nicht in Ihrer Haut und werden daher immer aus dem Blickwinkel der eigenen Befindlichkeit auf Sie sehen. Wenn Sie also wirklich vorankommen, sprich wachsen wollen, müssen Sie lernen, sich selbst unabhängig von anderen zu betrachten. Sie müssen sich selbst kennen lernen!

Das ist zwar nicht immer ganz einfach, zumal die Entscheidung dazu auch alle möglichen Widerstände auf den Plan ruft (seien Sie darauf gefasst!). Aber der Aufwand lohnt sich: Je weiter Sie gehen, je besser Sie sich kennen, desto klarer und selbstbestimmter werden Sie, und mit dem Grad der Selbstbestimmtheit wächst auch die Freude am Leben. Aber wo anfangen? Immerhin bin »ich selbst« kein Ding, das mir wie ein Tisch gegenübersteht und um das ich mit kritischem Auge herumlaufen kann. Wie also betrachte ich etwas, das im eigentlichen Sinne kein Objekt ist?

Ich bediene mich bestimmter Methoden und Hilfsmittel. Dafür müssen zunächst die Felder abgesteckt werden, die auf dem Weg zu Ihrem persönlichen Gipfel bestellt sein wollen. Mit einer für unseren Zweck sinnvollen Vereinfachung lässt sich sagen, dass Fortschritt oder Stillstand des persönlichen Wachstums immer mit vier Themenbereichen zusammenhängen:

1. Motivationsmanagement

Wir alle neigen zur Trägheit. Wenn ich meine Ziele nicht kenne, also gar nicht so recht weiß, wohin ich mit meinem Leben eigentlich will, dann kann ich mich auch nicht motivieren, mehr als das Nötigste zu leisten. Ich muss wissen, wofür ich etwas tue, welchen Sinn das Ganze hat. Die Klarheit über die ureigenen Ziele, Motive und Visionen bringt einen ungeheuren Motivations- und damit Entwicklungsschub.

2. Krisenmanagement

Jeder Mensch hat immer wieder mit inneren und äußeren Faktoren zu tun, die ihn von seiner Bahn drängen wollen. Um jedoch in das vor allem in Wirtschaftskreisen gern gepflegte Klischeebild einer stets positiven und tatkräftigen Persönlichkeit zu passen, neigen wir dazu, diese Faktoren zu negieren und unsere Frustration vor anderen wie vor uns selbst durch ein aufgesetztes Lächeln zu verbergen. Persönliches Wachstum hängt unter anderem von der Fähigkeit ab, »Störfaktoren« und »Widersacher« zu erkennen und ihnen wirkungsvoll zu begegnen.

3. Beziehungsmanagement

Alles im Leben dreht sich um Beziehungen. Damit ist nicht das berühmt-berüchtigte »Vitamin B« gemeint, sondern ganz einfach die zwischenmenschlichen Beziehungen in Partnerschaft, Freundschaft und Beruf, die mich tagaus, tagein begleiten. Sie sind es, die das Leben angenehm oder unerträglich machen und die auch mein persönliches Wachstum befördern oder verhindern.

4. Selbstmanagement

Wir haben es eingangs schon einmal erwähnt: Die wichtigste Beziehung in meinem Leben ist die Beziehung mit mir selbst! Tatsächlich sind meine Beziehungen mit anderen ebenso wie mein beruflicher Erfolg immer ein Spiegel des Umgangs, den ich mit mir selbst pflege. Entsprechend notwendig ist es, diesem Umgang Zeit und Aufmerksamkeit zu widmen.

Mit diesen vier Themenbereichen verhält es sich ähnlich wie mit Liebigs vier chemischen Bestandteilen Kalk, Kali, Stickstoff und Phosphat: Gemäß des »Bodens«, in dem wir wurzeln, sind unsere Stärken und Defizite unterschiedlich verteilt. Außerdem können sich Verteilung und Gewichtung in unterschiedlichen Phasen unseres Lebens immer wieder verändern. Aber zunächst gilt es, den Status quo zu erkennen: **Wo stehen Sie und wo wollen Sie hin?** Machen wir uns an die Arbeit!

Hinweise zur optimalen Benutzung des Buches

Wie Sie sicher schon bemerkt haben, ist »Auf welche Gipfel wollen Sie?« nicht in Kapitel, sondern in fünf Tage aufgeteilt. Damit folgen wir dem Aufbau und Ablauf unseres erfolgreichen H2R-Basistrainings, auf dessen Grundlage dieses Buch entstanden ist. Falls Sie das Basistraining besucht haben, bietet Ihnen das Buch daher eine optimale

Gedächtnisstütze, um sich Inhalte und Erfahrungen des Trainings in Erinnerung zu rufen.

Aber auch wenn Ihnen »Auf welche Gipfel wollen Sie?« ohne solche Vorbereitung in die Hände gefallen ist, bleibt Ihnen, abgesehen vielleicht von der Möglichkeit des Austauschs mit Gleichgesinnten, nichts vorenthalten. Es sind alle Übungen, Informationen und Tipps enthalten. Um den optimalen Nutzen für sich zu erzielen, empfehlen wir Ihnen, sich im Abstand von ein bis drei Wochen jeweils einen ganzen Tag Zeit zu nehmen und dabei einen »Buchtag« durchzuarbeiten.

Beschäftigen Sie sich eingehend mit den Texten und Übungen. Wenn Sie eigene Gedanken zu den Texten entwickeln oder sich bei Ihren »Selbst-Versuchen« an Erfahrungen aus Ihrer Vergangenheit erinnern, machen Sie sich Notizen. Schreiben Sie alles auf, was Ihnen spontan einfällt. Nehmen Sie Ihre Einfälle und Assoziationen ernst!

Vor allem aber sorgen Sie dafür, dass Sie an den für Ihr inneres Wachstum bestimmten Tagen möglichst ungestört bleiben. Dazu sollten Sie sich zu Beginn Ihrer Arbeit am Selbst folgende Frage beantworten:

- **Wie verhalte ich mich einem Menschen gegenüber, der mir absolut wichtig und wertvoll ist?**

Bitte beantworten Sie diese Frage möglichst fantasievoll. Welches Verhalten legen Sie einem solchen Menschen gegenüber an den Tag? Auf welche Tugenden achten Sie? Hilfsbereitschaft? Ehrlichkeit? Zuverlässigkeit? Offenheit gegenüber neuen Ideen? Toleranz gegenüber andersartigen Meinungen und Überzeugungen? Respekt?

Nehmen Sie Stift und Papier und schreiben Sie alles auf, was Ihnen dazu einfällt. Die zweite Frage lautet:

- **Wer ist in Bezug auf meine Entwicklung und die Gestaltung meiner Zukunft der wichtigste Mensch in meinem Leben?**

Lassen Sie diese Frage ruhig ein paar Sekunden auf sich wirken ...

Grundsätzlich gibt es auf diese Fragen keine richtigen oder falschen Antworten und dennoch können Sie dabei eine Menge über sich erfahren. Wenn Sie etwa zu dem Schluss kommen, dass Sie sich wichtigen und wertvollen Menschen gegenüber anders verhalten als sich selbst gegenüber, dann deutet das darauf hin, dass Sie sich vielleicht nicht wichtig genug sind. Genau dieser Engpass ist es, der viele Menschen in der eigenen Entwicklung behindert. Solche Menschen nehmen sich für alles und jeden Zeit, sind hilfsbereit und großzügig, sprechen anderen Anerkennung aus und unterstützen sie auf ihrem Weg. Sobald es aber um sie selbst geht, dann knausern sie mit jeder Minute, sehen fast nur Fehler und Schwächen und sind auf eine Weise ungeduldig mit sich, die sie von anderen als grobe Beleidigung empfinden würden.

Wovon wir sprechen, ist also eine grundsätzliche Haltung, die Sie sich selbst gegenüber einnehmen können und mit der Sie sich zu einem Menschen erklären, der für Ihr Leben von größter Wichtigkeit ist.

Unser Appell an Sie lautet:

Die Tage, an denen Sie sich mit diesem Buch beschäftigen, sollten Ihnen ganz allein gehören, denn je »heiliger« sie Ihnen sind, desto mehr werden Sie (und Ihr Umfeld) davon profitieren.

Also: Telefon abstellen, Klingel ausschalten und Ihren Freunden sagen, dass Sie unabkömmlich sind. Besprechen Sie Ihr Vorhaben mit Ihrem Ehe- bzw. Lebenspartner möglichst genau, damit keine Missverständnisse entstehen, sondern Sie vielmehr Unterstützung erhalten. Sie können sich ja auch gemeinsam ans Werk machen. Ihre Partnerschaft wird davon nur profitieren! Wenn Sie es sich leisten können, fahren Sie in ein nettes Hotel auf dem Land und nehmen Sie sich ein Zimmer mit Ausblick. Falls Sie lieber zu Hause bleiben, machen Sie es sich dort gemütlich. Auf alle Fälle sollten Sie die Zeit mit sich selbst genießen.

In der Spanne zwischen Ihren »Wachstums-Tagen« haben Sie Gelegenheit, Ihre neuen Erfahrungen und Einsichten zu vertiefen. Dazu haben wir Ihnen eine spezielle »Readers Lounge« im Internet eingerichtet, in der Sie auf die jeweiligen Inhalte des Kapitels ausgerichtete Erfolgsaufträge finden können. Die Zugangsdaten zur kostenlosen Nutzung der Readers Lounge erhalten Sie im Internet unter **www.h2r-readers-lounge.de**.

Denken Sie daran: der Nutzen, den Sie aus diesem Buch ziehen können, steht in direktem Verhältnis zu der Energie, die Sie in Ihren inneren Wachstumsprozess investieren.

Erster Tag – Zielfindung

»Wer vom Ziel nicht weiß,
kann den Weg nicht haben,
wird im selben Kreis
all sein Leben traben,
kommt am Ende hin,
wo er hergerückt,
hat der Menge Sinn
nur noch mehr zerstückt.«
Christian Morgenstern

So isses? – Vergiss es!

Sie halten dieses Buch in den Händen, um etwas zu lernen. Dabei müssen Sie sich eines klar machen: Das Lernen, um das es hier geht, liegt nicht auf einer Linie mit dem Lernen, das Sie von der Schule her kennen. Es ist kein Lernen, für das es ausreicht, Ihren Verstand zu bemühen und Ihrem intellektuellen Fundus einfach noch ein paar weitere neue Inhalte hinzuzufügen. Davon haben Sie schon mehr als genug abgespeichert. Anders gesagt, Ihr Problem ist nicht, dass Sie nicht genug wüssten. Ihr Problem ist, dass Sie irgendwo festhängen.

Wenn wir also von Lernen sprechen, dann meinen wir ein Lernen, das *Sie selbst* betrifft und nicht nur Ihren Verstand. Als »Selbst« bezeichnen wir dabei nicht irgendetwas Mystisches und Nebulöses, sondern etwas, dass Sie mit einem kleinen Versuch unmittelbar erleben können: Stellen Sie sich eine große Kiste vor. Gut. In diese Kiste packen Sie jetzt Ihren Körper und körperlichen Empfindungen, Ihre Identifikationen mit Beruf, sozialem Status und Ihrem Aussehen, ferner Ihre Gedanken, Ihre Vorstellungen und Meinungen, Ihre Gefühle von Lust und Unlust, Ihre Probleme, Ihre Krankheiten, Ihre Freuden, Ihren Verstand, Ihren Geist. Alles drin? Prima, dann setzen Sie sich davor und betrachten Sie sich Ihre Kiste.

Alles, was Sie darin finden, sind nicht Sie selbst. Sie selbst sind der, der betrachtet. Anders gesprochen, das Selbst ist das, wohinter Sie nicht mehr zurücktreten können. Sie sind also weder Ihr Verstand, noch Ihr Geist, weder Ihre Gedanken noch Ihre Gefühle. Sie selbst sind jemand, der Gedanken und Gefühle haben und erschaffen kann!

Diese Unterscheidung ist für Ihr Wachstum von allergrößter Bedeutung. Normalerweise neigen wir dazu, uns mit unseren Gedanken und Gefühlen, die sich ausdrücken in Meinungen, Überzeugungen, Lust, Unlust usw. zu identifizieren.

Wir glauben, die Welt sei so, wie sie uns durch den Filter unserer Wahrnehmung erscheint. Erst wenn wir zwischen uns Selbst und unseren Gedanken und Gefühlen zu unterscheiden gelernt haben, können wir erkennen, dass die Welt unsere eigene Schöpfung ist. Sie meinen, die Welt sei nicht Ihre Schöpfung, sondern unabhängig von Ihnen da? Nun, es mag schon sein, dass dort draußen unabhängig von Ihnen eine Welt existiert.

Aber diese abstrakte *Welt an sich* interessiert uns an dieser Stelle wenig. Hier geht es einzig um die Welt, die Sie erleben und die damit allein für Sie wirklich ist. Philosophisch sprechen wir von der *Welt für mich*. Und diese *Welt für mich* ist tatsächlich nicht unabhängig von Ihnen da, sondern hängt von Ihrer Wahrnehmung ab.

Und Ihre Wahrnehmung?

Machen Sie zwei kleine Selbstversuche. Gehen Sie einmal mit richtig schlechter Laune in Ihrer Stadt oder Ihrem Dorf spazieren und beobachten Sie, wie Ihnen die Welt erscheint. Vermutlich werden Sie finden, dass jede Menge unfreundlicher, übellauniger Zeitgenossen die Straßen bevölkern, die noch nicht einmal die Höflichkeit besitzen, mal einen Schritt zur Seite zu gehen, um Ihnen auszuweichen.

Beim zweiten Selbstversuch tun Sie dasselbe an einem Tag, an dem es Ihnen rundum gut geht. Sie werden sehen, dass Ihre Stimmung und Ihre Wahrnehmung der Welt direkt miteinander verbunden sind.

Gehen wir noch einen Schritt weiter. Was glauben Sie, wer oder was für Ihre Stimmungen verantwortlich ist? – Veranlagung? Das Wetter? Streitsüchtige Ehepartner, herrschsüchtige Chefs, missgünstige Kollegen? Weit gefehlt. Der Auslöser für ihre Stimmungen sind Ihre Gedanken, also die Art und Weise, wie Sie die Dinge, die täglich um Sie herum geschehen, interpretieren. Und Ihre Gedanken sind wiederum eine Folge davon, wie Sie sich in der Vergangenheit zu den Ereignissen zu stellen entschieden haben! Mit anderen Worten, Ihre heutige Persönlichkeit ist kein gottgegebener, unwandelbarer Charakter, sondern eine Wirkung, deren Ursache Sie selbst sind. Dasselbe gilt für das, was Sie die Realität nennen, also Ihre beruflichen wie privaten Umstände – auch die sind im Großen und Ganzen Ihre eigene Schöpfung als Resultat Ihrer Art zu denken und zu empfinden. So isses? Vergiss es!

Nichts ist so, wie es auf den ersten Blick erscheint, und keine der menschlichen Realitäten ist fest gefügt und unwandelbar, sondern immer ein Ergebnis von Übereinstimmungen mit sich und/oder anderen. Wir werden darauf noch häufiger zurückkommen.

Falls Sie diese Überlegungen als Provokation empfinden, liegt das durchaus in unserer Absicht. Zumindest, wenn man das Wort auf seine lateinische Wurzel zurückführt, wo »provocatio« so viel bedeutet wie »Herausforderung, Aufreizung«.

Wir wollen Sie tatsächlich herausfordern, Ihr gesamtes Leben und Denken genau unter die Lupe zu nehmen und sich der Ursächlichkeit bewusst zu werden, in der Sie dabei stehen.

Wir wollen Sie aufreizen, sich dem behäbigen Trott Ihres Alltags zu entreißen und sich der Rolle als Gestalter Ihrer Lebensumstände bewusst zu werden.

Positives Denken?

Wir werden also immer zum Ebenbild unserer Gedanken. Wenn das so ist, würde es dann nicht ausreichen, immer nur Gutes zu denken, damit sich alles zum Besseren fügt? Gerade im Zusammenhang mit dem Thema Motivationsmanagement ist in den letzten zwanzig Jahren viel über das so genannte positive Denken geschrieben worden. Die zentrale Botschaft: Wenn du willst, dass sich deine Wirklichkeit zum Besseren wandelt, dann wende deine Gedanken ins Positive! Gegen diese Botschaft ist grundsätzlich nichts einzuwenden.

Wir stimmen ihr im Gegenteil in hohem Maße zu. Wie wir gesehen haben, hängt die Wirklichkeit weitgehend von der Wahrnehmung und diese wiederum von den Gedanken ab. Das Problem ist nur, dass bei vielen Adepten der Lehre des positiven Denkens, manche sprechen von »Power Thinking«, die erhofften Resultate trotz redlichen Bemühens ausbleiben. Nicht selten führt der hehre Anspruch in die Sackgassen von entweder zynischer Abkehr oder verbissenem Aposteltum.

Woran liegt das? Nun, genau betrachtet sitzen viele Positivdenker einem Missverständnis auf. Auch wenn es bitter klingt: Es hilft nichts, aber auch gar nichts, sich das positive Denken wie einen bunten Hut auf einen mürrischen Kopf zu setzen. Mit anderen Worten, wenn Sie in Ihrem Leben Stress, Streit und Chaos vorfinden, müssen Sie erst einmal die Realität Ihrer Situation anerkennen. Erst wenn Sie die Bereitschaft aufbringen, *mit dem zu sein, was ist*, können Sie einen wirklich positiven Gedanken fassen. Sie brauchen also zunächst Klarheit über Ihre Situation. Und dafür müssen Sie in Ihrem Geist als dem Raum Ihrer Gedanken, Gefühle und Wahrnehmungsprozesse Ordnung schaffen!

Mit dem »inneren Raum« des Geistes verhält es sich ähnlich wie mit einer Wohnung. Wenn Sie nicht regelmäßig darin aufräumen, finden Sie, wenn überhaupt, nur zufällig, was Sie suchen, stolpern immer wieder über irgendwelche herumliegenden Sachen und können die vorhandenen Möglichkeiten nur sehr unvollständig nutzen. Einer Wohnung sieht man ihren Zustand unmittelbar an. Beim eigenen Geist wird die Sache schon schwieriger.

Was ist, das ist!

Wie also bringe ich Ordnung in meinen inneren Raum? Um diese Frage beantworten zu können, müssen wir zunächst noch einmal auf die Bereitschaft, mit dem zu sein, was ist, zurückkommen. Dieser Punkt ist so grundlegend, dass wir sichergehen wollen, dass Sie ihn nicht überlesen. Worum geht es dabei genau?

Bleiben wir bei unserer Wohnungsmetapher. Bevor Sie sich daheim ans Aufräumen machen können, müssen Sie erst einmal feststellen, dass es unordentlich ist. Sie kommen abends nach Hause, sehen die herumliegenden Zeitungen und Papiere im Wohnzimmer, die Wollmäuse im Flur, die Geschirrberge in der Küche, seufzen kurz auf und sagen sich, okay, hilft alles nichts, wenn ich mich hier jemals wieder wohl fühlen will, muss ich halt sauber machen! Und dann legen sie los.

Die Bereitschaft, mit dem zu sein, was ist, bedeutet also nicht, sich mit einer Situation einzurichten, sondern sie nüchtern und leidenschaftslos zu erkennen, um in der Folge angemessen agieren zu können. Anders ausgedrückt, handelt es sich um die Bereitschaft, **Ursache** zu sein.

Stellen Sie sich jemanden vor, der auf seine unaufgeräumte Wohnung mit einem Wutanfall reagiert. Oder einen Menschen, den seine Unordnung so verängstigt, dass er hinaus auf die Straße flüchtet und hofft, die Wohnung werde sich vielleicht von allein aufräumen. Ziemlich irrational, nicht? Ebenso unangemessen wäre es, sich auf den Boden zu den Staubflusen zu hocken und unablässig den Gedanken zu wiederholen: »Alles ist schön sauber und glänzend! Alles ist schön sauber und glänzend!« Leider neigen wir im Umgang mit uns selbst und den Realitäten des Lebens zu genau solchen Reaktionen. Wir werden wütend und suchen einen Schuldigen. Wir werden deprimiert und laufen vor den Problemen davon. Oder wir üben uns im positiven Denken, hoffend, irgendeine magische Kraft werde alles für uns bereinigen. Nichts davon hilft uns weiter.

- **Unsere erste Empfehlung, um Ordnung in Ihren inneren Raum zu bringen, lautet also: Seien Sie bereit, Ursache zu sein, seien sie aufmerksam, seien Sie mit dem, was ist!**

Alles ist möglich!

»Was der Mensch für möglich hält, bewegt seine innere Haltung und sein Handeln.«

Karl Jaspers

Jetzt wissen Sie also, wie es bei Ihnen aussieht: Sie haben bestimmte Gefühle für sich selbst, die Ihnen gefallen oder nicht, bestimmte Beziehungen, die sie mögen oder nicht, einen Beruf, der Ihnen Spaß macht oder nicht usw. All das zusammengenommen macht Ihr gegenwärtiges Sein aus – *es ist!* unabhängig davon, wie Sie es *interpretieren*. Aber wie wir schon gesagt haben, ist das Anerkennen dessen, was ist, nur ein erster Schritt.

Als Mensch zeichnen Sie sich im Gegensatz zu allen anderen Lebewesen auf der Erde durch eine ganz besondere Fähigkeit aus: Sie können Ihr gegenwärtiges Sein überschreiten! Anders als bei einem Tier, das mit ausreichend Nahrung, Schutz vor Feinden und Kälte sowie der Gelegenheit zu regelmäßiger Paarung zufrieden ist, läuft bei Ihnen nicht bloß ein biologisches Programm ab, dem Sie, abgesehen von ein paar Variationen, sklavisch folgen müssen. Sie können buchstäblich aus dem Nichts die ausgefallensten Vorstellungen, Vorhaben und Ziele entwickeln und verwirklichen!

In Ihrem Wesen sind Sie reine Potentialität und als solche grundsätzlich fähig, Realitäten zu erschaffen! Sie können ein berühmter Künstler werden, ein gefeierter Wissenschaftler, ein IT-Milliardär oder ein einflussreicher Politiker – was immer Sie anstreben, Sie besitzen grundsätzlich die Fähigkeit, es zu erreichen.

Auch wenn es Ihnen vielleicht nicht bewusst ist, nutzen Sie diese Fähigkeit bereits täglich:

- **Wenn Sie eine glückliche Beziehung führen, dann erschaffen Sie in jedem Augenblick neu die Möglichkeit dazu.**
- **Wenn Sie in Ihrem Job erfolgreich sind, dann haben Sie in Ihrem inneren Raum die Möglichkeit dazu kreiert.**
- **Und wenn Sie vor einer Aufgabe stehen und denken, das kriege ich nie hin, dann erschaffen Sie in diesem Moment die Möglichkeit, es nie hinzukriegen.**

Merken Sie was? Richtig: Die Fähigkeit, Ihr Leben von der reinen Potenzialität her als Konkretes zu erschaffen, müssen Sie sich nicht erst aneignen. Sie liegt in der menschlichen Natur!

Die Resultate allerdings, die Sie in Ihrem Leben beobachten können, hängen ab von der Struktur Ihrer Gedanken und von den Glaubensbildern, die Sie im Laufe Ihrer Entwicklung verinnerlicht haben und die Ihre Potenzialität begrenzen.

Mit anderen Worten, wenn Sie die Möglichkeit »erfolgreich mit dem, was ich tue« verinnerlicht haben, dann werden Sie diese Möglichkeit mit hoher Wahrscheinlichkeit jedes Mal verwirklichen, wenn es ans Handeln geht. Und wenn Sie aus irgendeinem Grund die Möglichkeit »glückliche Beziehungen gibt es nicht« verinnerlicht haben, dann werden Sie regelmäßig dafür sorgen, dass Ihre Beziehungen auf schmerzhafte Weise in die Brüche gehen. Ob Sie ein schwerreicher Wirtschaftskapitän, eine erfolgreiche Anwältin oder ein glücklicher Ehemann werden, hängt also nicht von den Umständen oder der Gnade der Geburt ab, sondern von der Möglichkeit, die Sie innerlich erschaffen. In diesem Sinne ist also tatsächlich »alles möglich«!

Autopilot

Betrachten wir das Thema Gedankenstrukturen und Glaubensbilder etwas genauer. Wie wir gesehen haben verfügt der Geist über erstaunliche Fähigkeiten, die ähnlich wie etwa das Atmen ohne unser direktes Zutun ablaufen! So speichert er neben dem bewussten Wahrnehmen, Denken und Erinnern unablässig Werturteile, Entscheidungen und visuelle Eindrücke ab und formt daraus Gedankenstrukturen und Glaubensbilder, die wiederum als motivierende oder hemmende Gedanken- und Handlungsimpulse auf unser aktuelles Denken zurückwirken.

Je öfter wir einem solchen Impuls nachgeben, desto mehr verstärkt sich die zu Grunde liegende Struktur und wird so zu einer tief sitzenden Prägung. Dabei sollten Sie vor allem eines wissen: Bei diesem ohne unser bewusstes Zutun wirkenden Anteil unseres Geistes – manche Autoren nennen ihn nicht ganz korrekt, aber anschaulich das »Unterbewusstsein« – handelt es sich um einen nicht selbstständig wertenden Speicher. Alle Gedanken, die Sie denken, alle Werturteile, die Sie fällen, alle Entscheidungen, die Sie treffen und sämtliche Bilder, die Sie betrachten, landen im Unbewussten, ohne dort noch einmal überprüft oder bearbeitet zu werden.

So wird das, was durch das Bewusstsein gewertet wurde, im Unbewussten abgespeichert und von dort aus als Gedanken- bzw. Handlungsimpuls eins zu eins wieder abgegeben. Wir sprechen deshalb in diesem Zusammenhang ganz gern vom »Autopiloten«, der aufgrund der einprogrammierten Daten unerschütterlich die Richtung hält.

Ein Beispiel: Sicherlich haben Sie es schon erlebt, dass Sie an einem regnerischen Tag im Auto sitzen und bei mäßiger Stimmung vor sich hinfahren. Dann erklingt auf einmal im Radio eine Melodie, die in Ihnen Bilder Ihres letzten Urlaubs, Ihrer Jugendzeit oder anderer schöner Szenen weckt, und wie von Zauberhand verändert sich Ihre Stimmung. Bereits einige Minuten später steigen Sie gut gelaunt und besten Mutes aus dem Auto, obwohl es immer noch regnet und eigentlich nichts Wesentliches passiert ist. Die Zauberhand, von der wir in diesem Beispiel sprechen, ist der Autopilot, der Ihnen einen starken, motivierenden Gedanken- und Handlungsimpuls gegeben hat.

Ein wesentlicher Schritt, um Gestalter des eigenen Lebens zu werden, liegt deshalb darin, diese Funktion des »Autopiloten« bewusst zu ergreifen und zu nutzen!

Machen Sie sich zunächst klar, dass Sie Ihren »Autopiloten« mit allem, was Sie geistig aufnehmen, permanent programmieren. Fragen Sie sich, ob die »Daten«, die Sie Tag für Tag in den Speicher eingeben, es wert sind, Ihr zukünftiges Denken und Handeln zu bestimmen. Fragen Sie sich, welche Gedanken Sie denken, welche Zeitschriften und Bücher Sie lesen, welche Filme Sie sehen, und vor allem, wie bewusst Sie es tun.

Zappen Sie gern stundenlang durch die Fernsehprogramme? Wenn ja, dann erinnern Sie sich daran, dass der Speicher Ihres »Autopiloten« nicht wertet, sondern einfach jedes Bild aufnimmt, das kommt. Übrigens dringen die »analogen« Informationen eines Bildes viel unmittelbarer ins Unbewusste als die »digitalen« Informationen des geschriebenen Worts. Wenn Sie also eine Schauergeschichte lesen, hat das auf die Negativprogrammierung Ihres »Autopiloten« viel weniger gravierende Auswirkungen, als wenn Sie mit Bier und Chips vor der Glotze hängen und die entsprechenden Bilder in sich hineinrieseln lassen. Im Gegensatz zu einem (noch dazu bewegten) Bild muss das Wort den Weg durch Ihren Verstand nehmen, um zu Ihrem Unbewussten zu gelangen. Damit haben Sie eine sehr viel bessere Chance, in kritischer Reflexion den Kontext zu schaffen, in dem die Information in Ihren Erinnerungsspeicher gelangt. – Verstehen Sie uns bitte richtig: Wir plädieren weder dafür, bestimmte Nachrichten und Filme zu vermeiden, noch fällen wir moralische Urteile. Wir wollen Sie lediglich darauf aufmerksam machen, dass Ihr geistiges Handeln Auswirkungen auf Sie hat.

- **Tun Sie, was immer Sie wollen, aber tun Sie es mit Bedacht!**

»Diät« halten!

Wenn auch weniger offensichtlich, verhält es sich also mit dem geistigen Konsum ähnlich wie mit dem Essen: Wenn Sie wahllos alles in sich hineinstopfen, was billig und schnell verfügbar ist, fühlen Sie sich früher oder später sterbenselend.

Auch bei der geistigen Nahrungsaufnahme geht es erst einmal darum, zwischen den unterschiedlichen Angeboten unterscheiden zu lernen, um schließlich herauszufinden, was Ihnen wirklich gut tut.

Experimentieren Sie ein bisschen mit sich! – Beobachten Sie, wie Sie sich fühlen, wenn Sie um Mitternacht ein blutrünstiges B-Movie mit reichlich 0190-Werbeunterbrechungen gesehen oder ein philosophisches Buch gelesen haben. Erleben Sie, welchen Unterschied es macht, ob Sie einen Spaziergang in der freien Natur unternehmen oder vorbei an unzähligen Werbetafeln, Geschäftsauslagen und sonstigen visuellen Reizen durch die Stadt zu einem Termin hetzen. Seien Sie aufmerksam mit sich und stellen Sie sich eine »Diät« zusammen, die Ihnen bekommt! Was die innere Aufmerksamkeit betrifft, können wir Ihnen nichts anderes raten, als eben aufmerksam zu sein. Üben Sie es immer wieder, und Sie werden irgendwann einen »Sinn« für die Aufmerksamkeit entwickeln, so wie Sie als Kind einen Sinn für die Balance beim Fahrradfahren entwickelt haben.

In Bezug auf Ihre geistige »Diät« haben wir allerdings einen guten Tipp: Am besten tut Ihnen, was Ihren ureigenen Zielen entspricht!

Die magische Kraft

Sie haben wahrscheinlich schon öfter bemerkt, dass Sie bei manchen Aufgaben von einer »magischen Kraft« beflügelt werden, die dafür sorgt, dass Sie problemlos in Aktion kommen. Diese Kraft heißt schlicht und ergreifend »Ich darf!«.

Solange sie etwas tun »müssen«, fällt es unheimlich schwer, sich überhaupt aufzuraffen. Beim Gefühl »Ich muss heute wieder arbeiten!« oder »Ich muss mit dem Rauchen aufhören!« schwingt etwas von Zwang und Druck mit. Der nach Freiheit strebende Geist des Menschen wehrt sich gegen diesen Zwang und reagiert mit Unlust. Wenn Sie hingegen etwas tun »wollen«, dann steckt in diesem Wollen eine freie Entscheidung. Das, was Sie tun wollen, wird Ihnen in der Regel viel leichter fallen, als das, was Sie tun müssen.

»Ich will mit dem Rauchen aufhören!« hört sich doch schon viel kraftvoller an, oder? Wenn Ihnen eine bestimmte Sache zum persönlichen Bedürfnis wird, dann empfinden Sie das Handeln wie die Erfüllung eines brennenden Wunsches. Bei dem Gefühl »Ich darf mit dem Rauchen aufhören!« läuft alles fast wie von selbst.

Je unbewusster Sie in den Tag leben, desto mehr hängen Müssen, Wollen und Dürfen von Ihren »Gefühlen« bzw. von den Gedankenstrukturen und Glaubensbildern ab, die diesen Gefühlen zu Grunde liegen. Sie können aber auch direkt steuernd in diesen Prozess eingreifen und Ihre Glaubensbilder nicht mehr sich selbst überlassen. Beginnen Sie mit drei einfachen Fragen:

- Was bewegt mich?
- Wovon träume ich?
- Wohin will ich?

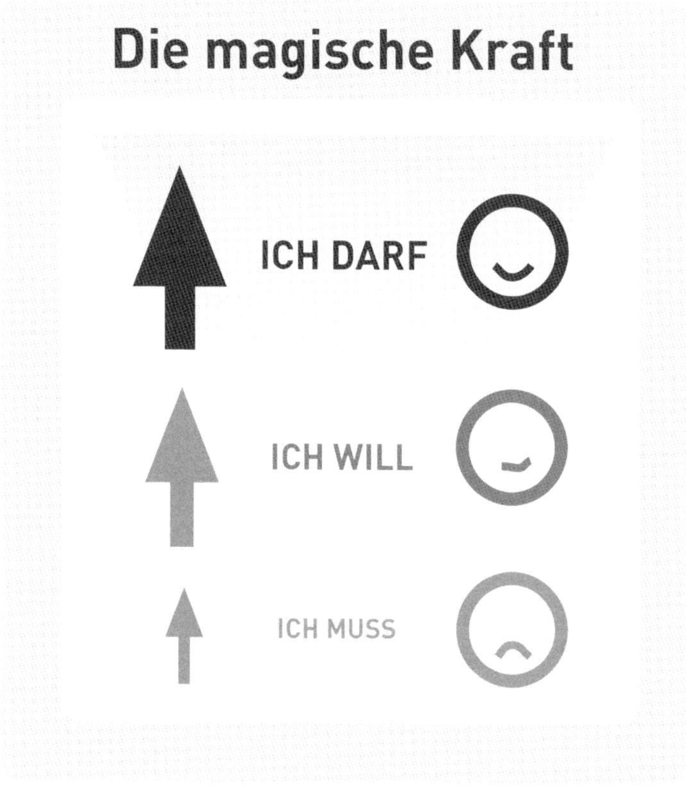

So unscheinbar diese Fragen scheinen, so groß ist die Bedeutung, die sie für Ihr Leben gewinnen können. Es geht in ihnen um Ihre ganz persönlichen Motive, Visionen und Ziele – und damit um weit mehr als etwa darum, in einem bestimmten Zeitrahmen bestimmte Geschäfts- oder Umsatzziele zu erreichen!

Wie alle Menschen tragen Sie ein ganz bestimmtes, ureigenes Ziel in sich, das zu erreichen Sie irgendwann aufgebrochen sind. Aber unterwegs haben Sie Ihr Ziel aus den Augen verloren. Vielleicht sagte Ihnen jemand, dem Sie glaubten, Ihr Ziel sei wertlos oder unrealistisch, und hat Ihnen statt dessen ein anderes Ziel aufgeschwatzt, das Sie jetzt ohne Enthusiasmus verfolgen. Vielleicht sind Sie angesichts des Alltagsdrucks auch nur von selbst zur Überzeugung gelangt, dass Ihr Ziel nicht erreichbar sei, um es schließlich ganz zu vergessen.

Egal wie, Ihr ursprüngliches, ureigenes Ziel kümmert seither irgendwo in Ihrem Inneren vor sich hin und wartet darauf, dass Sie sich seiner erneut annehmen. Etwas poetisch ausgedrückt, bedeutet der Weg zu Ihrem persönlichen Gipfel, das Wagnis einzugehen, den Traum zu träumen, der das eigene Leben ursprünglich einmal war. Falls Sie jedoch ein zu nüchternes Naturell besitzen, um sich mit poetischen, die Transzendenz streifende Formulierungen anfreunden zu können, dann lassen Sie sich sagen, dass es ganz handgreifliche Vorteile bietet, die eigenen Motive und Ziele zu kennen: Wenn Sie wissen, wohin Sie wollen und warum sie dorthin wollen, können Ihr alltägliches Handeln danach ausrichten und sich sogar zu Tätigkeiten motivieren, die Ihnen ansonsten größte Mühe bereiten würden. Zielklarheit verbunden mit den richtigen Plänen und Programmen zur Umsetzung ist eines der Geheimnisse wirklich erfolgreicher Menschen. Wir haben bereits davon gesprochen, dass Sie grundsätzlich alles erreichen können, *was sie anstreben.* – Eine kleine, aber entscheidende Einschränkung: Damit wollen wir ausdrücken, dass nur dann alles möglich ist, wenn nicht nur Ihr Verstand oder Ihr Ego, sondern Ihre tatsächlichen, ureigenen Ziele betroffen sind! Ohne echtes Interesse oder Begabung ein berühmter Wissenschaftler werden zu wollen, weil man halt irgendwie gern berühmt wäre, führt natürlich zu gar nichts.

Allerdings festzustellen, dass man im Grunde schon immer den Drang zu einer bestimmten wissenschaftlichen Disziplin hatte und nur aus so genannten »Vernunftgründen« Bankkaufmann geworden ist, kann das Leben von Grund auf verändern.

Beispiele für Menschen, die selbst noch in fortgeschrittenen Jahren ihr Leben gemäß ihrer wirklichen Ziele erfolgreich änderten, gibt es zuhauf. Wir kennen einen Mann, der mit über 40 Jahren einen äußerlich erfolgreichen Job sausen ließ, noch einmal ganz von vorn zu studieren anfing und mit Mitte fünfzig ein anerkannter Psychologieprofessor geworden war. Und erst kürzlich erzählte uns ein Bekannter von einem Schauspieler, der trotz guter Engagements beschlossen hat, seinen Beruf aufzugeben, um seinen Kindheitstraum zu verwirklichen – er will Gärtner werden!

Entscheidend, darauf wollen wir hinaus, sind nicht die äußerlichen Attribute des Erfolgs, sondern die inneren Beweggründe, die einen Menschen antreiben, sich der Lethargie des allgemeinen Mittelmaßes zu entreißen und wirkliche Erfüllung zu suchen.

Um sich die »magische Kraft« zu Nutze machen zu können, von der wir am Anfang dieses Abschnitts sprachen, müssen Sie also Ihre Motive *(Was bewegt mich?),* Visionen *(Wovon träume ich?)* und Ziele *(Wohin will ich?)* kennen.

Spielen Sie ein bisschen!

Allerdings ist das leichter gesagt als getan! Obwohl wir von Dingen sprechen, die eigentlich auf der Hand liegen sollten, weil sie jeden Menschen direkt betreffen, zeigt sich immer wieder, dass gerade hier die größte Verwirrung herrscht. Das ist letztlich auch kein Wunder. Wenn Sie sich Ihr eigenes Leben anschauen, dann werden Sie feststellen, dass man Ihnen von klein auf gesagt hat, was Sie tun *sollen*, ohne Sie dabei je zu fragen, was Sie selbst im Grunde Ihres Herzens wollen. Vielleicht hatten Sie noch das Glück, an verständige Eltern zu geraten, die ihre Bestrebungen förderten, aber spätestens seit der Schule mussten sie sich vorgegebenen (Lern-, Arbeits- und Gesellschafts-)Zielen unterwerfen, die fast immer in Widerspruch zu Ihren eigenen Zielen standen. In Schule, Ausbildung und Beruf wurde Ihnen ständig demonstriert, wie »man« zu sein hat und was es bedeutet »richtig« zu funktionieren.

Letztlich wurde Ihnen damit vermittelt, dass Sie nur überleben können, wenn Sie sich bestimmten vorherrschenden Normen unterwerfen. Seither stehen Sie in einem ständigen unterschwelligen Konflikt zwischen dem, was Sie eigentlich in Ihrem tiefsten Innern gern sein, tun und haben würden, und dem spezifischen Ergebnis Ihres gesellschaftlichen Anpassungsprozesses, von dem Sie glauben, dass er Ihr Überleben garantiert.

Wenn Sie sich also unseren drei Fragen »Was bewegt mich? Wovon träume ich? Wohin will ich?« widmen, werden Sie womöglich feststellen, dass Ihnen erst einmal alle möglichen gesellschaftlich sanktionierten Fremdziele in den Kopf kommen, um es im nächsten Schritt mit einer ganzen

Reihe von Blockaden und Widerständen zu tun zu bekommen. Bei manchen Leuten ist der Zugang zu ihren wirklichen, ureigenen Zielen so verschüttet, dass sie sich völlig überfordert fühlen, wenn sie sich damit auseinander setzen sollen. Andere verweigern sich aus Angst ihr Leben komplett umkrempeln zu müssen, sobald sie sich der Frage nach ihren Motiven, Zielen und Träumen widmen. Sie leben sozusagen nach der Devise: »Lieber den bekannten Schmerz als die unbekannte Freude!« Wieder andere erklären die Fragen von vornherein für kindisch oder unseriös und vermeiden so, sich ernsthaft mit ihnen auseinander setzen zu müssen.

Falls die Frage nach Zielen und Motiven bei Ihnen irgendwelche Widerstände auslöst, lassen Sie sich davon nicht aufhalten. Gehen Sie unbesorgt weiter, indem Sie sich klar machen, dass Sie gerade mit alten, negativen Glaubensbildern und Gedankenstrukturen in Konflikt geraten. Im Zuge Ihres Zielfindungsprozesses werden Sie immer mehr feststellen, was für eine wohltuende Wirkung die Auseinandersetzung mit den ureigenen Zielen hat. Sie werden sich in zunehmendem Maße geordnet, motiviert und ausgerichtet fühlen.

Mögliche Widerstände müssen übrigens keine spektakulären Formen annehmen. Sie können sich auch darin äußern, dass Sie jedes Mal unheimlich müde werden, wenn Sie sich dem Wozu und Wohin Ihres Lebens zuwenden.

Erinnern Sie sich:
Glaubensbilder und Gedankenstrukturen sind die psychischen Ablagerungen der geistigen Haltungen, die Sie im Laufe Ihres Lebens bevorzugt eingenommen haben. Die

Impulse, die von ihnen ausgehen, in diesem Fall also die Widerstände, folgen einem inneren Automatismus, unserem »Autopiloten«.

Auch wenn Ihnen das bislang nicht bewusst war – Sie haben ihn selbst programmiert, und Sie können ihn neu programmieren. Nach Ihren eigenen Vorstellungen, in Ihrem ureigensten Sinne!

Zugegeben, das ist oftmals gar nicht so einfach. Psychische Prägungen können mitunter fast zum Verzweifeln hartnäckig sein. Deswegen empfehlen wir Ihnen, sich Ihren Zielen, Motiven und Visionen vorerst nicht über den Verstand, sondern auf kreative Weise zu nähern. Bevor Sie sich also einen Begriff von ihren Zielen machen, machen Sie sich ein Bild von Ihren Motiven und Visionen. Spielen Sie ein bisschen! Wie schon gesagt, dringen »analoge«, bildhafte Informationen viel unmittelbarer ins Unbewusste als »digitale«.

Bilder sprechen zu uns nicht durch abstrakte Informationen, sondern indem sie positive oder ablehnende Gefühle auslösen.

Für Ihren Zielfindungsprozess können Sie diese Tatsache nutzen, indem Sie, statt über Ihre Ziele nachzudenken, so genannte Motiv- und Visionscollagen erstellen. Damit schaffen Sie sich einerseits die Grundlage für die abstraktere Zielarbeit, auf die wir am zweiten Tag zu sprechen kommen werden. Andererseits können Sie Ihre selbst gefertigten Collagen zur täglichen aktiven Reprogrammierung Ihres Autopiloten verwenden. Aber eins nach dem anderen. Erst einmal zeigen wir Ihnen, wie es geht.

Visions- und Motivbereiche

Für jeden Menschen gibt es verschiedene Lebensbereiche, die von unterschiedlichen Beziehungen, Aufgaben und Prioritäten geprägt sind: Beruf, Ausbildung, Partnerschaft, Freundschaften, Freizeit, Hobby usw. Diese Bereiche sind bei jedem etwas anders verteilt und gewichtet. Wie sieht es bei Ihnen aus? Nehmen Sie sich Stift und Papier zur Hand und schreiben Sie auf, welche Lebensbereiche Ihnen einfallen.

Fertig? Prima, dann ordnen Sie diese Bereiche im nächsten Schritt nach dem Rang, den Sie in Ihrem Leben derzeit einnehmen.

Was ist Ihnen im Augenblick am wichtigsten? Ihr Beruf? Ihr Hobby? Ihre Partnerschaft? Und was kommt dann? Bitte denken Sie nicht darüber nach, was Ihnen aus irgendwelchen Vernunftgründen am wichtigsten sein *sollte,* sondern folgen Sie dem, was Ihnen vom Gefühl her tatsächlich am wichtigsten *ist.*[1] Alles klar? Gut.

Dann überlegen Sie nun, welche Lebensbereiche für Sie im Moment solche Priorität haben, dass Sie darin etwas bewegen wollen. Wir sprechen an dieser Stelle von Ihren Visions- und Motivbereichen. Bei der Collagenarbeit, auf die wir im Anschluss eingehen werden, wird es darum gehen, Bilder zu finden, die Ihren Vorstellungen in Bezug auf die Motive und Visionen in den einzelnen Lebensbereichen entsprechen. Formulieren sie Ihre Visions- und Motivbereiche deshalb als Fragen, deren Antworten die erwünschten Zustände der Zukunft beschreiben.

1 Betrachten Sie diese Übung bitte als eine Momentaufnahme, da sich Ihre derzeitige Gewichtung auch wieder ändern kann.

Einige Beispiele:

- **Welchen Lebensstandard möchte ich zukünftig erreicht haben?** (Wohnsituation, Urlaub, Auto, finanzielle Situation usw.)

- **Welche berufliche Position möchte ich zukünftig erreicht haben?** (Wie verläuft mein Arbeitsalltag?)

- **Wie möchte ich meine Partnerschaft erleben** (bzw. die Beziehung zu meinen Kindern und meiner Familie)?

- **Wie möchte ich mich in Bezug auf meine Gesundheit fühlen?**

- **Wie möchte ich meine Freizeit gestalten?**

- **Welche Charaktereigenschaften, Fähigkeiten oder Kenntnisse möchte ich zukünftig entwickelt haben?**

All das sind wie gesagt nur Beispiele. Formulieren Sie Ihre Motiv- und Visionsbereiche so, wie Sie Ihnen am besten entsprechen.

Stellen Sie sich selbst die Fragen, deren positive Antwort Sie in den Bildern Ihrer Collage suchen. Wenn Sie damit fertig sind, können Sie zum nächsten Schritt übergehen.

Fünf Schritte zur systematischen Arbeit mit Collagen

Besorgen Sie sich zunächst zwei große Styroportafeln oder Pinwände (Format ca. 70 x 100 cm) als »Visions- und Motivvorlagen«, auf denen Sie später Ihre Collage anbringen können. Sobald Sie so weit sind, können sie mit dem ersten Schritt unserer systematischen Collagenarbeit beginnen.

1. Schritt: ☞ Sammeln

Machen Sie einen Gang zu einem gut sortierten Zeitungskiosk, stöbern Sie nach Lust und Laune herum und kaufen Sie sich eine Reihe von Zeitschriften und Magazinen, die mit Ihren Visions- und Motivbereichen zu tun haben. Suchen Sie nach Bildern, die Ihnen vom Gefühl her zusagen. Warum das so ist, muss Sie an diesem Punkt noch nicht beschäftigen. (Eine spezielle Onlinebilddatenbank zum Downloaden von Collagenbildern finden Sie auch bei H2R im Internet unter www.h2r-bilder.de)

2. Schritt: ☞ Ordnen

Ordnen Sie die gesammelten Bilder zunächst nach zwei Kriterien:

a.) Meine Visionen

Definition: Eine Vision definieren wir im Rahmen dieser Übung als die Vorstellung von einem Zustand, den Sie irgendwann in der Zukunft *unbedingt* erreichen wollen, ohne bislang einen genauen Zeitpunkt nennen zu können.

b.) Meine Motive

Definition: Ein Motiv ist ganz allgemein ein Beweggrund. Für die Zwecke dieses Buches wollen wir den Begriff allerdings so einschränken, dass Sie dann von einem Motiv sprechen können, wenn Sie die Vorstellung eines bestimmten zukünftigen Zustandes derart zum Handeln bewegt, dass Sie bereit sind, sich für eine begrenzte Zeit mit dem größten Teil Ihrer Energie dafür einzusetzen. Im Gegensatz zu den zeitlich unbestimmten Visionen sind Motive also Vorstellungen, die Sie innerhalb von sechs bis zwölf Monaten verwirklichen wollen.

3. Schritt: ☞ Bilder für die Visionscollage sortieren und ordnen

Sortieren Sie jetzt die Bilder aus der Kategorie »Meine Visionen« so, dass Sie gemäß Ihrer Visions- und Motivbereiche (siehe Seite 39) zunächst einmal eine Grundordnung in Ihre »wilde« Sammlung bekommen. Bitte entscheiden Sie sich pro Bereich für drei bis fünf Bilder, die Ihren Vorstellungen am nächsten kommen. Sie dürfen und können diese Auswahl immer wieder eingehend prüfen, um sie gegebenenfalls jederzeit zu verändern. Gerade am Anfang der Collagenarbeit geht es darum, dass Sie sich systematisch vorantasten, um herauszufinden, was Sie wirklich wollen. Wundern Sie sich nicht, wenn Ihre Vorstellungen in diesem Prozess gewissen Schwankungen unterworfen sind. Lassen Sie Ihrer Kreativität und Ihren Impulsen freien Lauf!

Sobald sich die Bilder herauskristallisiert haben, ordnen Sie diese bitte jeweils als eine Bildgruppe pro Bereich, die Sie dann auf Ihrer Visionsvorlage anbringen.

4. Schritt: ☞ Bilder für die Motivcollage sortieren und ordnen

Verfahren Sie nun bitte mit den Bildern für Ihre Motiv--collage ebenso, wie unter Schritt 3 beschrieben.

5. Schritt: ☞ Collagencheck
Betrachten sie Ihr Werk und horchen Sie in sich hinein, ob die Bilder und Schriftzüge Ihrer Collage Sie stimulieren und unserer vorläufigen Definition entsprechen. Nehmen Sie sich Zeit! Stimmt etwas nicht? – Dann gehen Sie zurück zu Schritt 1 und machen sich auf die Suche nach neuen und besseren Bildern.

Letztlich wird diese Suche nie wirklich enden. Einerseits werden sich Ihre Vorstellungen mit der Zeit ändern. Wie bereits erwähnt, verändern sich unsere Prioritäten oft mit den verschiedenen Lebensabschnitten. Mal steht der Beruf, mal Freunde und Familie, mal das materielle oder mal mehr das spirituelle Wohl im Vordergrund. Andererseits verwirklichen Sie die Inhalte bestimmter Motivbilder, die deshalb von der Motivcollage verschwinden. An ihre Stelle rücken dann Bilder Ihrer Visionscollage, wodurch wiederum dort Freiräume entstehen, die Sie mit neuen Visionen füllen können.

Ein paar Minuten jeden Tag!

Wenn Sie unseren Empfehlungen gefolgt sind und das Buch bis hierher nicht nur gelesen, sondern als Arbeitsgrundlage benutzt haben, dann verfügen Sie jetzt über eine Collage, die den gegenwärtigen Stand Ihrer Motive und Visionen optimal ausdrückt. Gratulation. Sie haben sich ein sehr wirksames Mittel zur Umprogrammierung Ihres Autopiloten geschaffen! Wir kommen gleich darauf zu sprechen, wie Sie es anwenden können.

Falls Sie unseren Empfehlungen nicht gefolgt sind, möchten wir Sie noch einmal daran erinnern, was wir zu Beginn sagten: Das Lernen, um das es hier geht, ist mit dem Verstand nicht zu meistern! Es erfordert nicht nur intellektuelle, sondern praktische Aktivität, und selbst, wenn Sie der Meinung sind, die einzelnen Inhalte »verstanden« zu haben, können Sie die Resultate nur erleben, wenn Sie die Inhalte in Ihrem Leben konkret umsetzen. Ein wenig verhält es sich damit wie mit dem Sport: Egal wie viele Bücher über Lauftraining Sie lesen, fit für den New York-Marathon werden Sie davon nicht. Sie müssen sich schon die Schuhe anziehen und loslaufen. Hilft alles nichts! Wenn Ihre Collage jedoch vor Ihnen liegt, dann haben Sie gewissermaßen die Laufschuhe an den Füßen, und es kann losgehen!

Was ist zu tun? Nun, zunächst einmal sollten Sie regelmäßig »trainieren«. Sowenig Sie von einmal Laufen die Kondition für einen Marathon bekommen, sowenig bringt es, wenn Sie sich eine Visionscollage erstellen, um sie dann gleich wieder zu vergessen.

Denken Sie daran: Ziel der Collagenarbeit ist es, Ihr Unbewusstes mit neuen, wünschenswerten Bildern anzureichern und den Einfluss alter, hemmender Strukturen zu verringern. Das braucht Zeit.

Immerhin sind auch die psychischen Ablagerungen, die Sie daran hindern, Ihr Potenzial voll auszuschöpfen, nicht von heute auf morgen entstanden, sondern wurden jahre- zum Teil jahrzehntelang immer wieder von Ihnen gefüttert. Nehmen Sie sich daher täglich ein paar Minuten für sich, damit die neuen Bilder und Gedanken in Ihnen Fuß fassen können.

Suchen Sie sich zunächst einen passenden Ort für Ihre Motiv- und Visionscollage, vielleicht eine Wand in ihrem Schlafzimmer oder heimischen Arbeitszimmer, wo Sie einerseits immer mal wieder einen Blick darauf werfen können und andererseits vor dummen Bemerkungen von irgendwelchen Freunden und Kollegen sicher sind. Vielleicht gehören Sie zu den wenigen Menschen, denen solche Bemerkungen nichts ausmachen, aber auf die meisten wirkt so ein Gewitzel gerade bei persönlichen Dingen wie den eigenen Motiven und Visionen stark demotivierend. Das gilt natürlich vor allem dann, wenn man mit dem Prozess am Anfang steht und noch keine Erfahrungen damit gemacht hat. Setzen Sie sich dem also nicht unnötig aus, sondern suchen Sie sich einen Ort, an dem Sie mit Ihrem Prozess unbehelligt bleiben.

Nun sollten Sie sich eine morgendliche Routine zu Eigen machen, bei der Sie sich möglichst sechs Tage die Woche etwa 20 Minuten ausschließlich mit der Arbeit an Ihrer Collage und der Visualisierung Ihrer Motive und Visionen beschäftigen.

Betrachten Sie die Bilder Ihrer Collage und stellen Sie sich so intensiv wie möglich vor, den entsprechenden Punkt in Ihrem Leben bereits erreicht zu haben. Versetzen Sie sich in den Zustand, der Ihnen vorschwebt. Wie fühlt es sich an? Wie werden Sie dann sein? Wie sieht Ihr Leben aus, wie sehen ihre Beziehungen aus usw.? Um Ihnen diese Übung zu erleichtern und Sie dabei zu unterstützen, haben wir Ihnen in der Readers Lounge ein Musikstück (mp3 Format) zur Visualisierung bereit gestellt. Über den Tag hinweg können Sie ab und zu kurz innehalten und sich Ihre Lieblingsbilder in Erinnerung rufen. Abends kurz vor dem Schlafengehen sollten Sie sich Ihre Collage im Idealfall noch einmal vornehmen, damit die Bilder im Schlaf weiterwirken können. Wahrscheinlich haben Sie schon einmal bemerkt, dass man die letzten Bilder und Gedanken, die man vor dem Einschlafen sieht bzw. denkt, mit in seine Träume nimmt – nebenbei gesagt ein wichtiger Grund, keinen Fernseher im Schlafzimmer zu haben. Für Ihre Collagenarbeit sollten Sie sich diese Eigenschaft des Bewusstseins, Eindrücke im Traum zu verarbeiten, allerdings zu Nutze machen und sich vor dem Zubettgehen mit den Bildern und Gedanken beschäftigen, mit denen Sie Ihren Autopiloten programmieren wollen. Probieren Sie das eine Weile lang aus, und Sie werden sehen, dass Sie besser schlafen, leichter aufwachen und motivierter in den Tag gehen!

Sobald Sie ein bestimmtes Motiv realisiert haben, entfernen Sie die entsprechenden Bilder von der Motivcollage und ersetzen Sie diese durch die von Ihrer Visionscollage. Die Leerstelle, die so auf ihrer Visionscollage entsteht, können Sie mit einem neuen Bild füllen. Auf diese Weise bleibt Ihre Collage immer aktuell und lebendig.

Ursache und Wirkung!

Achte auf:
deine Vorstellungsbilder, *denn sie werden Gedanken;*
deine Gedanken, *denn sie werden Worte;*
deine Worte, *denn sie werden Handlungen;*
deine Handlungen, *denn sie werden deine Gewohnheit;*
deine Gewohnheiten, *denn sie werden dein Charakter;*
deinen Charakter, *denn er bestimmt dein Schicksal.*

Zweiter Tag – Zielsetzung

»Auch wenn du auf dem richtigen
Weg bist, wirst du überfahren werden,
wenn du nur dort sitzt.«
Will Rogers

In Bewegung bleiben!

Nun verfügen Sie über eine Grundlage, auf der Sie aufbauen können.

- Sie haben sich einen Begriff von der Bewusstseinsfunktion des »Autopiloten« gemacht,

- Sie haben sich die Fragen beantwortet: »Was bewegt mich, wohin will ich und wovon träume ich?«,

- und Sie haben mit der Erstellung Ihrer Motiv- und Visionscollage angefangen, sich konkret mit Ihren eigenen Vorstellungen vom Leben auseinander zu setzen.

Bevor wir weitergehen, möchten wir auf ein paar grundsätzliche Überlegungen zurückkommen. Immer wenn es darum geht, über die menschliche Innenwelt zu sprechen, also über Dinge wie Selbst, Seele, Bewusstsein, Unbewusstes, Autopilot usw., stehen wir vor dem Problem, einerseits das zu behandeln, was uns grundsätzlich ausmacht – wir sind Menschen dank genau dieser »Innenwelt«!

Andererseits sprechen wir von keinen greifbaren Objekten, sondern eben von »geistigen Dingen«. Daran ändert auch die Tatsache nichts, dass die Hirnforschung in zunehmendem Maße herausfindet, welche Bereiche des Gehirns wann und auf welche Weise aktiv sind.

Der Komplexität der subjektiven Erfahrung ist durch den objektiven Blick der Naturwissenschaft nicht beizukommen. Das Sprechen darüber gelingt nur in Annäherungen, Analogien und Modellen. Dafür ist ein Hören erforderlich, das dem Sprechen entgegenkommt durch die Bereitschaft zu experimentieren und im Selbstversuch herauszufinden, was gemeint ist. Mit anderen Worten: Nicht die Begriffe sind das Wesentliche, sondern die innere Erfahrung.

Ihre Erfahrung! Versuchen Sie daher nicht so sehr, die Inhalte, um die es hier geht, wie ein »objektives Wissen« intellektuell zu lernen und einzuordnen, sondern achten Sie vor allem darauf, was Sie erfahren, wenn Sie mit diesen Inhalten arbeiten und sie in die Praxis umsetzen. Wenden Sie an, was Ihnen gut tut, und vergessen Sie, was Ihnen nach sorgfältiger Prüfung nichts bringt. Denken Sie immer an die Liebig-Analogie: Der Dünger, den Sie verwenden, muss dem Boden entsprechen, in dem Sie wurzeln!

Alles klar? Dann wenden wir uns jetzt unserem nächsten Thema zu. Ging es am ersten Tag hauptsächlich um eine bildhafte (»analoge«) Annäherung an die eigenen Ziele, steht nun die eher intellektuelle (»digitale«) Beschäftigung damit im Vordergrund. So machen wir Sie mit den Spielregeln der Zielsetzung bekannt, werden aber auch bestimmte Themenbereiche vom ersten Tag, etwa den der inneren Ordnung, erneut aufgreifen und vertiefen.

Wie Sie vielleicht schon festgestellt haben, verläuft die Beschäftigung mit dem Selbst spiralförmig: Wenn auch auf verändertem Niveau, kommt man doch immer wieder mit denselben Fragen in Berührung, um sie – und damit sich selbst – mit der Zeit immer besser zu verstehen, ohne deshalb je zu einem endgültig abschließenden Ergebnis zu gelangen. Klarheit und (Selbst-)Bewusstsein sind nicht zu »haben« wie ein materieller Besitz.

Sie »haben« es nur, wenn Sie es in ständiger Bewegung halten, also nutzen und erneuern! Wenn Sie sich nun daran erinnern, dass das lateinische Wort für bewegen »movere« ist, dann wird Ihnen klar, wie sehr die Voraussetzung für echte Motivation ein bewegtes, also reges, interessiertes, sich ständig erneuerndes Bewusstsein ist.

Wohin soll's denn gehen?

Aber zur Zielsetzung! Wie schon gesagt, ging es bei der Collagenarbeit des ersten Tages mehr um Gefühle als um intellektuelle Genauigkeit. In diesem emotional-intuitiven Prozess haben Sie sich ein im Wortsinn erstes Bild von Ihren ureigenen Zielen und den dahinter liegenden Qualitäten gemacht. Jetzt wird es konkreter. Wir werden Sie bitten, Ihre Ziele möglichst knapp und präzise zu formulieren.

Warum? Stellen Sie sich einen Menschen vor, der in ein Reisebüro kommt und sich schweigend vor den Schalter stellt.

Verkäufer *(freundlich)*: Kann ich Ihnen helfen?
Kunde *(nach einer Weile)*: Ich möchte verreisen.
Verkäufer: Ah, schön! – Und wohin soll es gehen?
Kunde: Wie? Ach so, ich weiß nicht. Irgendwie weg halt.
Verkäufer *(schon sehr geduldig)*: Da müssen Sie schon genauer werden. Eher nach Europa oder lieber Amerika oder Asien?
Kunde: Wenn Sie mich so fragen – Asien wäre gut. Ja, ich glaube, ich will nach Asien.

Verkäufer *(jetzt noch geduldiger)*: Und wohin nach Asien soll es gehen? Eher nach Indien oder lieber in den Südosten? Thailand, Burma, Malaysia?
Kunde: Indien wäre schön.
Verkäufer *(die Geduld selbst)*: Gut. Und was für eine Art von Reise wünschen Sie? Eine Pauschalreise mit Hotel und Vollpension? Eine Rundreise? Eine Städtereise? Oder lieber eine Abenteuerreise? Eher im Binnenland oder lieber am Meer? Darf es eher viel oder eher nicht so viel kosten? Wie lange möchten Sie bleiben?
Kunde *(überlegt einen Moment)*: Ich möchte gerne 14 Tage nach Südindien ans Meer. Irgendwohin, wo es Strand, Palmen und viel Sonne gibt. Sagen wir nach Pondicherry in Tamil Nadu. Der Preis spielt keine Rolle. Suchen Sie mir eine Flugreise erster Klasse und ein ruhiges, sauberes, komfortables Hotel. Abflug am besten noch in dieser Woche!
Verkäufer *(erleichtert seufzend)*: Sehr gern!

Wenngleich etwas überzogen, zeigt unser Beispiel, wo das Problem liegt: Egal ob für Beruf, Partnerschaft oder ganz allgemein für Ihre »Lebensreise« gilt: Je genauer Sie wissen und formulieren können, was und wohin Sie wollen, desto größer ist Ihre Chance, auch tatsächlich ans Ziel zu gelangen.

Wenn Sie nun sagen (was wir übrigens oft zu hören bekommen): »Mein Ziel ist doch ganz klar. Ich möchte erfolgreich sein!«, dann reicht das bei weitem nicht aus. Um zielgerichtet handeln zu können, sollten Sie schon genau wissen, worin Ihr Erfolg bestehen soll. Wir definieren echten Erfolg als das planmäßige Erreichen einer Zielvorstellung, die für einen selbst erstrebenswert ist und damit als etwas sehr subjektives und individuelles. Mit der

Erfüllung all der äußerlichen Kriterien, die in Seifenopern und Hochglanzmagazinen bildgewaltig zelebriert werden, hat er also nichts zu tun.

Für die eine besteht der Erfolg vielleicht darin, viel Geld zu verdienen und eine öffentlich anerkannte Rolle zu spielen. Für den anderen heißt Erfolg, dass er bei mäßigem, aber sicherem Einkommen eine glückliche Ehe führt und viel Zeit mit seiner Partnerin und den Kindern verbringen kann. In unserem Bekanntenkreis gibt es Künstler, die trotz finanzieller Ungewissheit ein außerordentlich erfülltes Leben führen, da sie genau das tun, was ihren ureigenen Zielen entspricht. Und wir kennen finanziell überaus erfolgreiche Manager, die in tiefstem Herzen unzufrieden und unglücklich sind, weil sie ständig das (berechtigte) Gefühl haben, nicht wirklich bei sich selbst zu sein. Bei der Zielsetzung sollten Sie zwei grundsätzliche Unterscheidungen machen: Einmal sollten Sie zwischen Fremd- und Eigenzielen differenzieren. Fremdziele sind solche, die von außen kommen, die Ihnen also aufgezwungen oder eingeredet werden oder die Sie aus bestimmten sozialen oder existenziellen Erfordernissen übernehmen. Typische Fremdziele sind z. B. das Jurastudium, das der Sohn nur auf Drängen seines (gefürchteten oder geliebten) Vaters absolviert. Oder die Planziele, die der Abteilungsleiter eines Unternehmens von der Geschäftsführung vorgesetzt bekommt.

Oder der flache, straffe Bauch, den die Werbung propagiert. Es ist eine sinnvolle Übung, wenn Sie sich einmal alle Fremdziele auflisten, mit denen Sie in Ihrem Leben zu tun haben! Eigenziele sind hingegen solche, die von innen kommen und die Ihnen ein echtes Anliegen sind. Natürlich kommen Sie niemals ganz um Fremdziele herum. Leben ist Kommunikation, und der Austausch mit anderen Menschen ist immer auch ein Austausch der Ziele und Absichten. Je genauer Sie jedoch Ihre Eigenziele kennen, desto weniger laufen Sie Gefahr, sich angesichts des permanenten Ansturms von Fremdzielen selbst verloren zu gehen.

Zweitens sollten Sie zwischen »harten« und »weichen« Zielen unterscheiden. Harte Ziele sind solche, die Sie gewissermaßen anfassen, messen und wiegen können – etwa ein höheres Einkommen, ein Ausbildungsplatz oder ein neuer Wagen. Es geht dabei also um Dinge, die Sie innerhalb einer festlegbaren Zeit konkret anstreben können. Weiche Ziele beziehen sich auf innere Qualitäten – auf die Entwicklung bestimmter Charaktereigenschaften, spirituellen Fortschritt, die Öffnung künstlerisch intuitiver Quellen und Ähnliches. Genau betrachtet sind die weichen Ziele Ursache und Kern jedes harten Ziels, lassen sich aber nicht im gleichen Maße planmäßig verfolgen. Künstlerisch veranlagte Menschen neigen eher dazu, weiche Ziele in den Fokus zu rücken und die harten zu vernachlässigen. Entsprechend bilden sie nicht selten seelisch-geistige Qualitäten zu Lasten materieller Gewissheiten aus, was oft zu einer deutlichen Schwäche im Umgang mit harten Zielen führt.

Bei handlungsorientierten Persönlichkeiten wie etwa Geschäftsleuten und Managern verhält es sich meist genau umgekehrt. Sie stürzen sich auf das Greifbare und übersehen die weichen Faktoren. Vereinfacht gesprochen ist dies ein Grund, warum es künstlerischen Menschen oftmals an Realität, Tatmenschen hingegen an innerer Dimension mangelt. Wenn wir an dieser Stelle von Zielen sprechen, geht es uns daher um eine Synthese aus harten und weichen Faktoren:

- **Setzen Sie sich konkrete Ziele, die Sie in Ihrem Leben erreichen wollen, aber machen Sie sich gleichzeitig klar, welche Qualitäten dahinter stecken. Auf diese Weise lernen Sie in der Welt als Selbst wirksam zu werden!**

Dies vorausgeschickt, wollen wir uns nun der eigentlichen Zielsetzung zuwenden. Dabei sind einige Spielregeln zu beachten, mit denen wir Sie bekannt machen wollen. Lesen Sie sie aufmerksam durch und nehmen Sie sich im Anschluss ausreichend Zeit, um Ihre wichtigsten Ziele zu Papier zu bringen. Übertragen Sie dabei Ihre Erfahrungen aus der Collagenarbeit in eine möglichst exakte Sprache.

Nehmen Sie sich aus jedem Motivbereich jeweils ein Motiv vor und übersetzen Sie es in ein Ziel. Falls Ihnen das nicht auf Anhieb gelingen sollte, lassen Sie sich darüber keine grauen Haare wachsen.

Wie alles im Leben erfordern auch Zielfindung und Zielsetzung eine gewisse Übung. Machen Sie es einfach so gut, wie es Ihnen im Moment gelingt. Bleiben Sie dran. Sie werden sehen, dass es mit der Zeit nicht nur immer leichter wird, sondern obendrein richtig Spaß macht!

Die Spielregeln der Zielsetzung

I. Formulierungen

Der erste Teil unserer Spielregeln beschäftigt sich mit den Kriterien, die Sie bei der Formulierung eines Zieles berücksichtigen sollten.

1. Ist das Ziel kurz, prägnant und in deutlich weniger als einer Minute zu lesen?
Vermeiden Sie jede Weitschweifigkeit. Ihr Ziel soll eine klare Marke sein, die Sie sich jederzeit in Erinnerung rufen können. Auch wenn es Sie Mühe kostet, bringen Sie es genau auf den Punkt, wohin Sie wollen!

2. Ist mein Ziel in der »ICH-Form« geschrieben?
Die größte Wirkung hat Ihr Ziel, wenn Sie es so verinnerlicht haben, dass Sie ganz davon durchdrungen sind. Vorsicht: Allgemein formulierte Sätze haben auf Ihr Unbewusstes keine Wirkung. Sprechen Sie nicht von »man«, sagen Sie »ich«!

3. Ist mein Ziel in Gegenwartsform und so formuliert, als sei es bereits erreicht?
Tun Sie in Ihrer Zielformulierung so, als sei das Ziel »heute« erreicht. Nennen Sie dafür ein beliebiges Datum in der Zukunft, an dem Sie Ihr Ziel erreicht haben wollen, also z. B. »Heute, am 1. Februar 2005 bin ich Personalchef der XY Corporation.«, oder »Heute, am 1. Februar 2005 habe ich eine Einzelausstellung im Z-Museum.«

4, Ist mein Ziel positiv, d.h. ohne Negationen formuliert?
Psychologische Forschungen haben gezeigt, dass das Unbewusste das Wörtchen »nicht« offenbar nicht kennt.

Wenn Sie daher z. B. formulieren: »Heute, am 30.6. rauche ich nicht mehr«, speichert das Unbewusste den Satz »Heute, am 30. Juni rauche ich ... mehr«. Suchen Sie also immer eine positive Formulierung, sonst laufen Sie Gefahr, das genaue Gegenteil Ihres bewussten Ziels zu erreichen. Also z. B.: »Heute, am 30. Juni habe ich endgültig aufgehört zu rauchen!«

5. Ist mein Ziel so exakt formuliert, dass ich behaupten kann: »Ich weiß genau, was ich will?«
Wenn Sie genau wissen, was Sie wollen, kann Sie im Grunde nichts mehr aufhalten. Manipulationsversuche prallen wirkungslos an Ihnen ab. Rückschläge und Hindernisse entmutigen Sie nicht. Sie kennen Ihr Ziel und verfolgen es beharrlich und bewusst. Darin steckt eine ungeheure Kraft, die Sie für sich nutzen sollten!

Haben Sie Ihre Ziele formuliert? Sehr gut. Dann überprüfen Sie sie jetzt bitte noch auf ihre inhaltliche Validität. Auch hier müssen Sie einige Spielregeln beachten. Mit »inhaltlicher Validität« sind die Kriterien gemeint, denen eine Vorstellung inhaltlich gerecht werden muss, um als Ziel bezeichnet werden zu können.

II. Inhaltliche Validität

1. Kann ich mir vorstellen, das Ziel zu erreichen? (Kann ich es sehen, hören, riechen, fühlen ...?)
»If you can dream it you can do it!« lautet ein typisch amerikanischer Sinnspruch. Dahinter steckt mehr, als es auf den ersten Blick scheint. Nur was für Sie wirklich vorstellbar ist,

können Sie auch erreichen. Versetzen Sie sich innerlich in die Lage, Ihr Ziel erreicht zu haben. Malen Sie es es sich in allen Farben aus. Wie sieht es aus, wie fühlt es sich an? Gelingt Ihnen das? Zieht es Sie an? Begeistert es Sie?

Wenn nicht, dann sollten Sie Ihr Ziel noch einmal überprüfen. Denn falls Sie es sich so hoch gesteckt haben, dass Sie sich im Grunde gar nicht wirklich vorstellen können, es zu erreichen, dann kann es sein, dass die Beschäftigung damit Ihr Selbstvertrauen reduziert statt es zu stärken – was wiederum zu Angst, Resignation und Frust, kurz, zu all dem führen kann, an dessen Überwindung Sie arbeiten!

2. Ist das Ziel konkret und messbar?
Vermeiden Sie alles Ungefähre. Ihr Ziel soll so exakt formuliert sein, dass ein Fremder beim ersten Lesen sofort verstehen würde, wohin Sie wollen.

3. Basiert dieses Ziel auf meinem eigenen Willen (Oder will ich es nur, weil andere wollen, dass ich es will?)
Sie werden bereits festgestellt haben, dass es im Leben immer wieder Leute gibt, die Ihnen ihre Ziele aufdrücken wollen – entweder aus dem Glauben heraus, sie wüssten, was das Beste für Sie sei oder weil diese Leute Manipulatoren sind und Sie für eigene Ziele einspannen wollen.

Bedenken Sie daher: Ein Ziel, das nicht Ihnen selbst entspringt, hat keine oder bestenfalls eine negative Wirkung. Es erlaubt Ihnen nicht, Sie selbst zu werden – ein Kriterium, das, wie schon erwähnt, jedes echte Ziel erfüllt. Falls Sie feststellen, dass Ihr Ziel ein Fremdziel ist, das Sie von irgendwem übernommen haben, werfen Sie es am besten gleich über Bord und suchen Sie sich ein wirklich eigenes!

4. Ist das Ziel eine Herausforderung für mich? (Fordert es mich derart, dass ich richtig Energie einsetzen muss, um es zu erreichen?)
Alltägliche Dinge, die Sie sowieso dauernd erledigen, sind kein Ziel. Zu einem richtigen Ziel gehört, dass Sie auch Kraft und Mut einsetzen müssen, um es zu erreichen. Es verlangt, dass Sie Ihre gewohnten Lebensbahnen überschreiten und sich neuen Raum erobern.

5. Treibt mich die Vorstellung, mein Ziel erreicht zu haben, zum Handeln an, motiviert es mich von innen heraus?
Dieser Punkt muss im Grunde nicht weiter kommentiert werden. Was Sie nicht antreibt, mit wilder Begeisterung ans Werk zu gehen, ist es nicht wert, ein Ziel genannt zu werden. Aber Achtung!
Wie alle Aussagen, die sich auf die innere Welt beziehen, ist auch diese mit einer gewissen Vorsicht zu genießen: Denn auch beim Verfolgen Ihres ureigensten Ziels kann es immer wieder zu Phasen der Mutlosigkeit oder der Trägheit kommen, in denen Sie fragen, was der ganze anstrengende Blödsinn eigentlich soll. Diese Phasen zu überwinden, ist für den Prozess inneren Wachstums unerlässlich. Wenn Sie sich innerlich überprüfen, werden Sie allerdings schnell feststellen, ob Sie das falsche Ziel verfolgen oder ob Sie im Moment einfach nur zu faul sind, sich mehr als das Nötigste abzuverlangen.

Zum Abschluss unserer Spielregeln noch ein letzter Tipp. Wir beobachten immer wieder, dass die Entscheidung für ein Ziel oft viel zu leichtfertig getroffen wird, so als sei sie völlig unverbindlich. Wahrscheinlich kennen Sie solche Gedanken auch: Was soll's, schließlich bin ich ja nur selbst beteiligt, keiner da, der mir auf die Finger schaut und mir einen Rüffel erteilt, wenn's nichts wird ...

Solche Gedanken entstammen einer Welt, die auf der Basis von Fremdbestimmung funktioniert: Irgendeine äußere Autorität – sei es ein Familienmitglied, ein Vorgesetzter oder sonst wer – übt einen gewissen Druck aus und es wird um des lieben Friedens Willen oder aus Existenzangst oder aus Gewohnheit gehorcht. Wie schon erwähnt, sind wir als Menschen von klein auf so sehr dem Einfluss und der Forderung von Fremdzielen ausgesetzt, dass wir unsere Eigenziele zum Schluss kaum mehr wahr- und vor allem nicht richtig ernst nehmen.

Dieses Haltung gilt es zu verändern. Daher unser Rat: Nehmen Sie Ihre Ziele nicht auf die leichte Schulter. Seien Sie sich verpflichtet! Natürlich ist es möglich, dass Sie unterwegs bemerken, dass Sie ein bestimmtes Ziel nicht oder noch nicht erreichen können. In diesem Fall analysieren Sie die Ursachen und schaffen Sie gegebenenfalls einen realistischeren Rahmen. Aber setzen Sie Ihre Ziele nicht leichtfertig, um sie je nach Laune wieder zu verwerfen. Ansonsten werden Sie zwei Dinge erleben: Einerseits reduzieren sich Ihr Selbstwertgefühl und Ihr Selbstvertrauen (Sie reagieren auf sich selbst wie auf einen Menschen, der Ihnen dauernd nur leere Versprechungen macht!), andererseits werden Sie in zunehmendem Maße von Menschen bestimmt sein, denen gelingt, wovor Sie zurückschrecken – Ziele klar zu formulieren und aktiv zu verfolgen.

Eine einfache Lebensregel lautet: Wer Ordnung hat, führt. Je klarer Sie mit sich selbst umgehen, desto mehr bestimmen Sie, wohin Ihr Lebensschiff segelt.

Daher empfehlen wir Ihnen als letzten Schritt der Zielsetzung einen symbolischen Akt: Schließen Sie einen »Vertrag« mit sich selbst!

III. Abschlussentscheidung

Ich treffe nach gründlichen Überlegungen die Entscheidung für dieses Ziel.

Da der Glaube an mich selbst, also mein Selbstvertrauen, eine meiner wichtigsten Kraftquellen ist, entscheide ich mich hiermit, mein Ziel genauso ernst zu nehmen wie mich selbst und alles in meiner Macht Stehende zu tun, um mein Ziel zu erreichen.

Ort/ Datum/Unterschrift

Ordnung schaffen

Wir sprachen bereits darüber, wie wichtig es ist, Ordnung im inneren Raum zu schaffen, und Sie sehen, wie wichtig diese Ordnung nicht nur für den Umgang mit sich selbst, sondern auch mit anderen ist. Gehen wir noch einmal einen Schritt zurück.

Als erste, grundlegende Maßnahme empfahlen wir Ihnen, wahrzunehmen, was ist, und sich bei allem, was geschieht, in die Position der Ursache zu begeben. Haben Sie damit experimentiert?

Wenn ja, dann haben Sie wahrscheinlich festgestellt, dass sich dabei Ihr Erleben verändert. Sie fühlen sich nicht länger als Opfer der Umstände, sondern beginnen zu erleben, wie freudvoll es ist, Ihr Leben gemäß Ihrer Vorstellungen und Ziele zu gestalten. Vielleicht empfinden Sie aber auch einen gewissen Widerwillen gegen unsere Empfehlung.

Immerhin ist das Opfersein in unserer heutigen Welt ein beliebtes Gesellschaftsspiel, an dem wir von klein auf teilnehmen und das uns mittlerweile fast zur zweiten Natur geworden ist.

Die erste, unausgesprochene Regel lautet: Wer Opfer ist, ist gut, weil für das Geschehene nicht verantwortlich!

Viele Menschen scheinen diese »Regel« so verinnerlicht zu haben, dass es mittlerweile fast gar keine Täter mehr gibt: Ein der Bestechlichkeit überführter Politiker erklärt sich als ein in seiner Ehre verletztes »Opfer einer Medienkampagne«, ein Raubmörder gibt sich vor Gericht als Opfer der sozialen Missstände seiner Jugend, und ein hartnäckig promiskuitiver Lebenspartner entschuldigt sich damit, ein Opfer seiner Leidenschaften zu sein. Das Spiel scheint also ganz gut zu funktionieren. Es gibt immer Personen oder Umstände, die man für seine Situationen bequem verantwortlich machen kann.

Wenn Sie es also – wie die meisten von uns – bislang gewöhnt waren, sich als »nicht zuständig« zu betrachten, dann kann es anfangs etwas anstrengend sein, die Position der Ursache nicht nur durchzuhalten, sondern überhaupt als sinnvoll zu begreifen. Wundern Sie sich nicht, wenn alte Muster und Prägungen dagegen rebellieren.

Neue geistige Haltungen zu etablieren, erfordert Zeit. Halten Sie durch! Je weiter Sie gehen, desto weniger sind Sie davon abhängig, dass zufällig alles gut läuft. Aus einer Haltung fortschreitender »psychischer Ordnung« heraus bestimmen Sie den Lauf der Dinge zunehmend selbst.

Dazu steuern klar definierte Ziele einen erheblichen Teil bei. Ohne Ziele befindet sich Ihr Bewusstsein in einem ungeklärten, unorganisierten Zustand. Wir nennen ihn »psychische Unordnung«. Zwar gibt es immer irgendwelche Dinge zu tun, aber Sie empfinden alles als »irgendwie« gleich wichtig und vor allem: als Last.

Kommt Ihnen das bekannt vor? – Morgens schleppen Sie sich müde und uninspiriert zum Job, bringen »irgendwie« die Stunden hinter sich und versuchen abends vor dem Fernseher nicht daran zu denken, was alles liegen geblieben ist und am nächsten Morgen auf Sie wartet. Es ist ein mühseliges, zahnloses »Irgendwie-Leben«. Sobald Sie aber aus einer Haltung der Ursächlichkeit heraus Ihre Ziele definiert haben und sagen können »Ich weiß genau, was ich will!«, verändert sich alles. Ihr gesamtes Denken und Wahrnehmen richtet sich auf Ihre Ziele aus. Die Dinge und Aufgaben sind nicht mehr »irgendwie gleich wichtig«, sondern können nach Prioritäten geordnet werden. Was Ihren Zielen dient, wird zuerst erledigt! Auf diese Weise kommt eine neue ungeahnte Kraft und Konzentration in Ihr Leben.

Psychische Unordnung

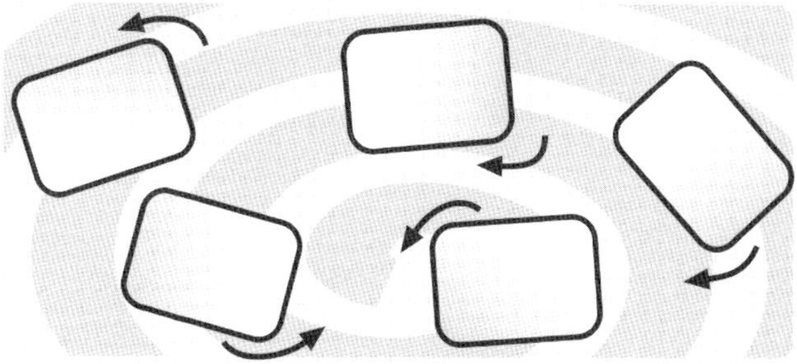

Alles ist irgendwie gleich wichtig!

Psychische Ordnung

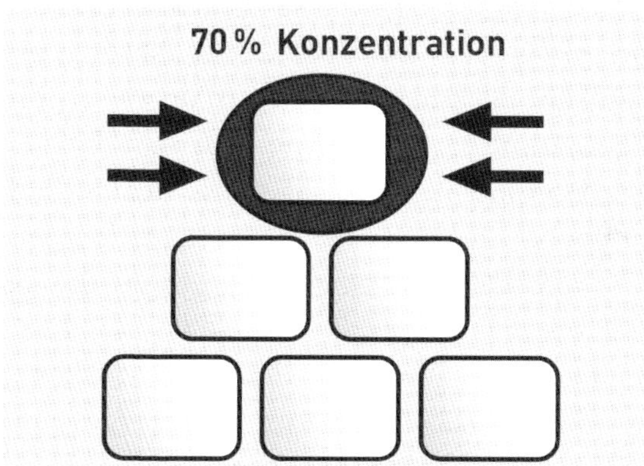

Ich weiß genau, was ich will!

Schlüsselfunktion der Zielsetzung

Je mehr Sie die Fähigkeit ausprägen, sich über eingefahrene psychische Muster und Bequemlichkeiten hinwegzusetzen und den Kurs Ihrer Gedanken und damit den Kurs Ihrer Handlungen, Ihrer Gefühle, Ihrer Ausstrahlung etc. selbst zu lenken,

- desto mehr hängt die Qualität Ihres Lebens und die Erreichung Ihrer Vorstellungen ab von der Fähigkeit,
- durch klare Ziele psychische Ordnung in Ihrer »geistigen Zentrale« zu schaffen, und damit den Kurs der Ereignisse auf Glück und Erfolg auszurichten.

Die Erfolgsspirale

Ich weiß genau, was ich will !?!

- **Klare Ziele schaffen Ordnung im »inneren Raum« Ihres Geistes.**
- **Dank dieser Ordnung kann die psychische Energie konzentriert und nahezu widerstandslos auf das Wesentliche, das Ziel, zufließen.**
- **Das führt zu Erfolgserlebnissen und starken Glücksgefühlen.**

- Als Ergebnis setzen Sie automatisch noch mehr psychische und physische Energie ein, und die innere Ordnung stabilisiert sich zunehmend.
- Frei von Zweifeln und Sorgen geraten Sie so in eine positive Erfolgsspirale.
- Sie sind der Meister über Ihre Gedanken und Gefühle. *Sie sind bewusst.*

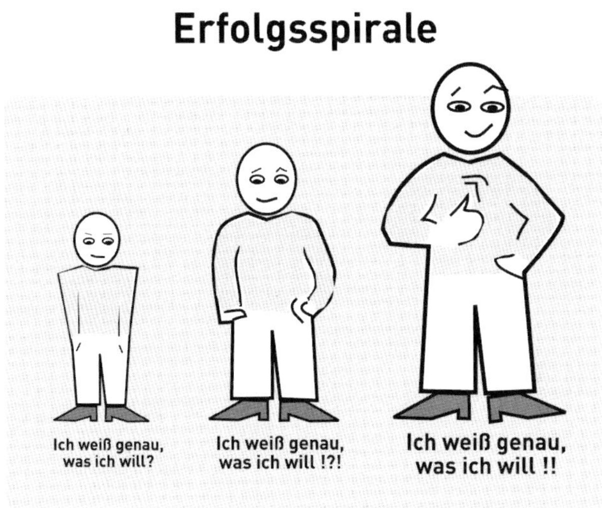

Was ist wesentlich?

An diesem Punkt Ihres »Wegs zum Selbst« angelangt, sollten Sie bereits für jeden Ihrer Motivbereiche ein zentrales Ziel definiert haben. Durch die Überführung Ihrer bildhaften Vorstellungen in konkrete, ausformulierte Ziele mit fester zeitlicher Marke, haben Sie einen ersten Schritt in Richtung von deren Realisierung getan. Gehen wir jetzt noch einen Schritt weiter. Unter all Ihren Zielen gibt es eines, dem Sie Priorität einräumen und das Sie für eine bestimmte Zeit in den Mittelpunkt Ihrer Aufmerksamkeit und Aktivität rücken sollten. Betrachten Sie Ihre bereits definierten Ziele und fragen Sie sich:

- **Welches Ziel liegt mir besonders am Herzen?**

- **Welches Ziel hilft mir am besten, meine anderen Ziele zu erreichen?**

Wir sprechen an diesem Punkt unseres Zielsetzungsprogramms von der »Kausalitätskette«. Damit ist gemeint, dass ein bestimmtes Ziel das Erreichen anderer Ziele kausal nach sich zieht. Dieses bestimmte Ziel am Anfang einer solchen positiven »Kausalitätskette« nennen wir das »Brennpunktziel«. Angenommen, auf Ihrer Liste stehen die Ziele »mehr Zeit für die Familie«, »Urlaub«, »beruflicher Erfolg« und »mehr sportliche Betätigung«, dann könnten sich daraus folgende Kausalitätsketten ergeben: Beruflicher Erfolg schafft finanziellen Spielraum. Dies wiederum eröffnet die Möglichkeit für mehr Zeit mit der Familie, z. B. bei einem gemeinsamen Urlaub. Falls Ihre sportliche Betätigung kostspielig ist, etwa Golf, dann hängt die Umsetzung bis zu einem gewissen Grad ebenfalls vom Ziel »beruflicher Erfolg« ab. Ihr Brennpunktziel, das eine positive Kausalitätskette auslöst, wäre demnach »beruflicher Erfolg«. Denkbar wäre allerdings auch, dass Sie – vielleicht aufgrund einer Krankheit – körperlich geschwächt sind und das Ziel »sportliche Betätigung« die Voraussetzung bildet, um wieder so fit zu werden, dass Sie den Elan für das Ziel »beruflicher Erfolg« aufbringen.

In diesem Fall hieße Ihr Brennpunktziel »sportliche Betätigung«. Wie dem auch sei, Ihrem Brennpunktziel sollten Sie für eine fest bestimmte Zeit Ihre volle Aufmerksamkeit widmen, um es zu erreichen. Es ist das Ziel, das für Sie im Moment wesentlich ist und das Sie in Ihrer Entwicklung am schnellsten voranbringt. Mag schon sein, hören wir Sie seufzen, aber es ist auch ein ziemlich großer Brocken! Wie soll ich das bewältigen, ohne vor der schieren Größe der Aufgabe zu resignieren?

Wir erzählen dazu gern die folgende kleine Geschichte, die im Amerika der frühen 80er Jahre spielt.

Die Amy-Miller-Story

Amy Miller lebte in einem großen Haus in Neuengland an der Ostküste der USA. Sie war eine kleine, etwas rundliche Frau um die fünfzig, deren Lebensinhalt darin bestand, ihrem Mann Alfred eine treue Gattin und den beiden gemeinsamen Söhnen eine gute Mutter zu sein. Als plötzlich in schneller Folge erst die mittlerweile erwachsenen Söhne aus dem Haus gingen und dann ihr Mann an den Folgen einer Krebserkrankung starb, sah sie sich mit der Frage konfron-

tiert, was sie mit dem Rest ihres Leben anfangen solle. Eine ungewohnte, eine anstrengende Frage! Sie war noch zu jung, um einfach als trauernde Witwe auf ihr Ende zu warten. Aber zu alt, um in ihren erlernten Beruf als Physiotherapeutin zurückzukehren, den sie darüber hinaus seit bald 30 Jahren nicht mehr und davor eher lustlos ausgeübt hatte. Außerdem war sie gut versorgt: Sie besaß das Haus und Alfreds Rente und außerdem Geld von einer Lebensversicherung, die Alfred, ein Versicherungsmakler, frühzeitig abgeschlossen und regelmäßig mit größeren Beträgen bedient hatte. Davon würde sie gut leben können. Was also sollte sie tun?

Sie überlegte hin und her, ohne wirklich auf eine gute Idee zu kommen. Endlich erinnerte sie sich daran, dass sie als junge Frau durchaus sehr sportlich gewesen war und einmal sogar die Highschool-Meisterschaften im Marathon gewonnen hatte. Vielleicht sollte sie einfach wieder ein bisschen laufen, bis ihr etwas besseres einfiel! Gesagt, getan. Gleich am nächsten Tag kaufte sich Amy Miller die passende Kleidung, um noch am selben Tag eine erste kleine Runde um den Block zu drehen.

Als sie ein paar Tage später an den bekannten, monotonen Häuserzeilen ihres Vororts entlang joggte, dachte sie plötzlich daran, dass es früher ihr sehnlichster Wunsch gewesen war, einmal eine Reise quer durch Amerika bis an die Westküste zu machen. Leider war dieser Wunsch immer an Alfreds Widerstand gescheitert. Alfred war kein Abenteurer. »Denk nur mal, was unterwegs alles geschehen kann«, wies er sie zurecht, so oft sie ihren Wunsch vorbrachte. Aber jetzt war Alfred tot, die zwei Jungs waren erwachsen, und sie war ein freier Mensch! Amy Miller beschloss, nach Kalifornien zu laufen. 6873 Kilometer quer durch die USA! Schon ein paar Tage später, bevor Freunde und Nachbarn davon erfahren und sie für verrückt erklären konnten, brach sie auf. Bekleidet nur mit ihren neuen Joggingsachen, ein paar Kreditkarten und einem regendichten Cape, das man bei gutem Wetter zusammenfalten und um die Hüften binden konnte, lief sie los, immer entlang der berühmten alten Bundesstraße, die den Osten mit dem Westen verbindet. Aufgrund eines kleinen Artikels, der nach ein paar Wochen in einer Provinzzeitung über die einsame Läuferin erschien, wurden die Medien auf sie aufmerksam. Erst berichtete die lokale, dann die nationale Presse, dann kamen verschiedene Fernsehsender hinzu. Es war eine filmreife Sensation:

Eine unbekannte, nicht mehr ganz junge Frau, die sich vorgenommen hat, quer durch die Vereinigten Staaten zu joggen! An verschiedenen Strecken ihres Wegs wurde Amy von Übertragungswagen erwartet, die auf Interviews hofften. Manchmal sagte sie ein paar Worte, meistens winkte sie ab. Und je weniger sie von sich gab, desto größer wurde der Medienrummel.

Das Bild der laufenden Amy Miller zierte die Titelseiten der größten amerikanischen Sport- und Nachrichtenmagazine und wurde schließlich sogar von internationalen Zeitschriften übernommen.

»Amy Miller – What's her Secret?« (»Amy Miller – Was ist ihr Geheimnis?«) titelte etwa das »TIME Magazine«. So blieb es natürlich nicht aus, dass Amy, die sich weiter ausschwieg, wider Willen begeisterte Anhänger gewann, die ihr auf ihrem Weg folgten, um das Geheimnis dieser kleinen und inzwischen nicht mehr ganz so rundlichen Frau um die Fünfzig zu ergründen. Und schließlich fand sich Amy immer von ein paar Dutzend joggender Menschen begleitet. Da der Weg

nach Westen lang ist und Amy zwar beharrlich, aber auch langsam lief, dauerte ihr Aufsehen erregender Marathon fast drei Jahre. Endlich erreichte sie das Ziel ihrer Strecke, San Francisco. Der Zieleinlauf, aus dem man ein echt amerikanisches Spektakel gemacht hatte, wurde von allen amerikanischen und einigen europäischen Fernsehsendern live übertragen. Als Amy über die Ziellinie lief und freudestrahlend die Arme hochriss, hielt ihr ein ungeduldiger Reporter von ABC das Mikrofon unter die Nase und wollte endlich wissen, was so viele Menschen beschäftigte:

»Amy, Sie sind einmal quer durch unser wunderbares Land gelaufen. – Wie haben Sie es geschafft, dieses unglaubliche Ziel zu erreichen?«

»Ganz einfach«, antwortete sie bescheiden, »ich habe immer nur an den nächsten Schritt gedacht!«

Diese Geschichte demonstriert eindrücklich den Punkt, den wir Ihnen nahe bringen möchten:

Selbst die größten Ziele werden dadurch erreicht werden, dass man sich immer nur auf den nächsten, konkreten Schritt konzentriert! Hätte sich Amy Miller ständig vor Augen gehalten, wie unendlich viel Weg, wie viele Strapazen und wie viele Schmerzen noch vor ihr liegen, sie hätte die Westküste nie erreicht!

Dasselbe gilt für Ihr Brennpunktziel. Behalten Sie es als Ihre »amerikanische Westküste« im Hinterkopf, aber konzentrieren Sie sich nur auf den jeweils nächsten Schritt. Definieren und verfolgen Sie also zunächst nur ein Teilziel.

Wenn Sie es erreicht haben, kommt das nächste und so weiter. So können Sie auf beinahe spielerische Weise Großes vollbringen!

Nun haben Sie fast alle Kriterien für das erfolgreiche Verfolgen Ihres Brennpunktziels beisammen. Nur eines fehlt noch: Verfolgen Sie es nicht um jeden Preis! Legen Sie von vornherein die Bedingungen fest, unter denen Sie Ihr Ziel erreichen möchten.

Auf diese Weise vermeiden Sie, dass Ihnen Ihr Projekt entgleitet und Sie nicht mehr Meister des Spiels sind, sondern Sklave Ihrer Ziele werden, wie es bei so vielen, dem äußeren Anschein nach erfolgreichen Menschen geschieht. Sicherlich wollen Sie ein berufliches Ziel nur unter der Bedingung von familiärer Harmonie erreichen und ein Fitnessziel nur unter der Bedingung, dass Sie dabei nicht Bankrott gehen, oder?

Denken Sie immer daran: Erfolg ist nur dann echt, wenn er Ihre Selbstbestimmung fördert! Wirkliche, wertvolle Ziele bringen Sie näher zu sich selbst. Der Weg zu diesen Zielen bedeutet aktive Selbsterfahrung und lebendige Einsicht. Mit Zielen, die sich selbstständig machen und gewissermaßen die Führung übernehmen, stimmt etwas nicht. Es gibt im menschlichen Leben immer wieder innere und äußere Faktoren, die der Selbstbestimmung zuwider laufen, und manchmal können auch im Grunde so positive Dinge wie selbst definierte Ziele solch eine fatale Tendenz entwickeln.

- **Bleiben Sie achtsam!**

Glückwunsch!

Bevor wir fortfahren, möchten wir Sie beglückwünschen! Wenn Sie unser Buch bis an diese Stelle gelesen und durchgearbeitet haben, dann sind Sie bereits einen wichtigen Teil der Strecke gegangen. Denn die Beschäftigung mit den eigenen Zielen, Wünschen und Visionen bildet eine nicht zu unterschätzende Hürde. Das liegt unter anderem daran, dass dabei allerlei Erfahrungen des Scheiterns und Resignierens aus der Vergangenheit reaktiviert werden können und es Kraft kostet, sich den damit verbundenen Emotionen zu stellen!

Wahrnehmen, was ist. Erinnern Sie sich? Damit ist nicht gemeint, dass Sie herauszufinden versuchen, woher Ihre Widerstände oder resignierten Gefühle kommen. Betreiben Sie keine Selbstanalyse. Falls unangenehme Emotionen auftauchen, nehmen Sie sie einfach zur Kenntnis, ja, erkennen Sie an, solche Gefühle zu haben.

Dann aber besinnen Sie sich, dass Sie es hier mit einer Aufzeichnung aus Ihrem Erinnerungsspeicher zu tun haben, einem Stück aus Ihrer Vergangenheit, das lediglich durch eine aktuelle Situation an die Oberfläche des Bewusstseins gespült wurde. Begeben Sie sich als Selbst in die Position des unbeteiligten Beobachters. Sie *sind* nicht diese Gefühle, Sie *haben* sie – aufgrund irgendeiner Übereinstimmung, in die Sie in der Vergangenheit mit sich oder anderen geraten sind.

Der Begriff »Übereinstimmung« beschreibt den Moment, in dem man, meist unbewusst, den Beschluss fasst, mit einer Haltung oder Anschauung über eine Sache überein zu stimmen. Stellen Sie sich vor, jemand hat gerade seinen Job verloren und ist darüber verwirrt. Er weiß noch nicht, wie er sich dazu verhalten soll. In diesem Moment kommt ein wohlmeinender Freund auf ihn zu und sagt: »Du Ärmster, das ist ja ganz furchtbar, diese Schweine haben dein Leben zerstört. Oh Gott, an deiner Stelle wüsste ich gar nicht, was ich tun sollte!« Die anderen Anwesenden machen betretene Gesichter, nicken mit dem Kopf und bestätigen, wie schlimm die Lage sei. Jetzt hat unser Jemand eine »brauchbare« Haltung gefunden, die ihm hilft, von seinem sozialen Umfeld Aufmerksamkeit und Unterstützung zu erhalten. Er gerät in Übereinstimmung mit dieser Haltung und fühlt sich entsprechend elend, missbraucht und zerstört; diese Gefühle des Ruins gelangen in seinen Erinnerungsspeicher, von wo aus sie in Zukunft bei jedem vergleichbaren Verlust reaktiviert werden. Genauso gut hätte sein Freund auch leichthin äußern können:

»Du hast deinen Job verloren? Kein Problem, das ist mir vor ein paar Monaten auch so gegangen. Glaub mir, man findet immer wieder was.« Die Übereinstimmung hätte einen völlig anderen Inhalt gehabt ...

Die Dinge, von denen wir hier sprechen, werden gerne überhört. Das wissen wir aus eigener, jahrelanger Erfahrung. Gleichzeitig sind sie von entscheidender Bedeutung für ein wirklich substanzielles inneres Wachstum. Deswegen sind wir mit unseren Wiederholungen ein wenig penetrant. Da müssen Sie durch! Also noch einmal:

Gefühle und Haltungen sind keine unwandelbaren Realitäten, sondern Schöpfungen, die wir als Realitäten betrachten.

Jetzt aber zurück zu unserem eigentlichen Thema, Ihrem Brennpunktziel!

Das Brennpunktprogramm

- **Nehmen Sie jetzt bitte Stift und Papier zur Hand und erarbeiten Sie Ihr Brennpunktziel nach den folgenden Kriterien:**

1. Formulieren Sie zunächst Ihr Brennpunktziel gemäß den Spielregeln der Zielsetzung. Nennen Sie dabei einen konkreten Zeitpunkt, an dem Sie Ihr Brennpunktziel erreicht haben wollen. *(Heute, am ... habe ich ... erreicht.)*

2. Definieren Sie nun die Bedingungen, unter denen Sie Ihr Brennpunktziel erreichen wollen. *(Darüber hinaus ...)*

3. Last, not least legen Sie nun bitte Ihr erstes Teilziel fest und formulieren es auch als »bereits erreicht« *(Heute, am ... habe ich ... erreicht.)*

- **Als nächsten Schritt fertigen Sie eine Brennpunktcollage an.**

Kaufen Sie sich dazu bitte eine dritte Pinwand (Format ca. 70 x 100 cm) und befestigen Sie Ihr ausformuliertes Brennpunktprogramm in der Mitte. Sammeln Sie dann aus Zeitschriften und Magazinen Bilder, die Ihr Brennpunktziel visuell wiedergeben. Gehen Sie dabei so vor, wie Sie es im Kapitel »Fünf Schritte zur systematischen Arbeit mit Collagen« gelernt haben.

Sobald Sie die passenden, positiv motivierenden Bilder gefunden haben, gruppieren Sie sie auf Ihrem Papierbogen um das Brennpunktprogramm herum.

Brennpunkt Collage

Alles klar? Sehr gut! Sie verfügen jetzt über ein weiteres wirkungsvolles Werkzeug, um sich mit Riesenschritten Ihrem Ziel zu nähern. Der besondere Vorteil des Brennpunktprogramms liegt darin, dass Sie damit gleichzeitig Ihre visuell-kreativen wie Ihre rationalen Fähigkeiten zielgerichtet aktivieren.

Nutzen Sie Ihr Brennpunktprogramm, wie im Abschnitt über Motiv- und Zielcollagen bereits beschrieben. Sie werden erleben, dass Brennpunktprogramm und Brennpunktcollage die positive Wirkung verstärken, die eine systematische Zielsetzung ohnehin schon hat: Ihre mentale Energie wird gebündelt und auf das Wesentliche ausgerichtet. Dies zieht unweigerlich erwünschte Resultate und damit Erfolgserlebnisse nach sich, was Ihre Eigenmotivation fördert und Sie in die Aufwärtsbewegung der bereits beschriebenen Erfolgsspirale bringt. Mehr ist dazu kaum noch zu sagen. Es ist ganz einfach. Probieren Sie es aus!

Was ist zu tun?

Nun kennen Sie Ihr Brennpunktziel, Ihr erstes Teilziel und gleichzeitig die Bedingungen, unter denen Sie darauf zustreben wollen. Damit können wir uns dem letzten Aspekt widmen, der dazu beiträgt, dass Sie Ihre Ziele erreichen und Ihre psychische Ordnung stabilisieren können – dem Aufgabenmanagement!

Abgestimmt auf ein bestimmtes, klar definiertes Ziel, gibt eine Aufgabe Antwort auf die Frage »**Was ist zu tun?**«

Beispiele:

- »**Was ist zu tun, um mein berufliches Ziel zu erreichen?**«
  1. Kunden Herrn Meyer kontaktieren, Termin vereinbaren.
  2. Angebot für Kundin Frau Schultze erstellen.
  3. Wöchentlich 15 Termine vereinbaren usw. ...

- »**Was ist zu tun, um mein gesundheitliches Ziel zu erreichen?**«
  1. Laufschuhe kaufen
  2. Trainingsplan erstellen
  3. Dr. Müller wegen Diätberatung ansprechen. Laufstrecke suchen usw. ...

- **»Was ist zu tun, um mein Wohnungsziel zu erreichen?«**
  1. Makler anschreiben
  2. Liste mit Anforderungen an die neue Wohnung erstellen
  3. Kündigungsfrist beim Vermieter erfragen usw. ...

Wie Sie sehen, ergeben sich aus der Frage »Was ist zu tun?« jedes Mal auf das jeweilige Ziel zugeschnittene Aufgabenketten, deren Glieder nach Prioritäten geordnet sind.

Nehmen Sie sich ein Blatt Papier und schreiben Sie für jedes Ihrer Ziele die Aufgaben auf, die zu seiner Erreichung erledigt werden müssen. An eine Reihenfolge brauchen Sie vorerst noch nicht zu denken. Schreiben Sie erst einmal alles hin. Wenn Ihnen nichts mehr einfällt, ordnen Sie Ihre jeweiligen Aufgaben nach Prioritäten.

Sie werden sehen, dass sich durch die Frage »Was ist zu tun?« und die sich daraus ergebenden Aufgabenketten Ihre psychische Ordnung ungemein stabilisiert, da Sie sich so auf das Wesentliche konzentrieren. Sie wissen jederzeit, wo Sie gerade stehen und was zu tun ist.

Sie müssen lediglich dafür sorgen, die einzelnen Aufgaben auch tatsächlich in der von Ihnen festgelegten Zeit zu erledigen. Dazu noch ein wichtiger Tipp:

- **Erledigen Sie die unangenehmen Dinge immer zuerst!**

Wenn Sie unangenehme Dinge aufschieben, werden diese zu einem geistigen Hemmnis, das Ihre Gedanken unterschwellig permanent beschäftigt und Ihre geistige (und zuweilen auch physische) Energie blockiert! Jedes Mal aber, wenn Sie sich überwinden, eine lästige oder sogar »bedrohliche« Aufgabe sofort in Angriff zu nehmen und abzuschließen, werden Sie einen Zuwachs an Energie und Freude erleben, der Ihnen bei der Erledigung anderer Aufgaben zu Gute kommt. Gleichzeitig werden Ihnen auf diese Weise die Dinge, die Ihnen heute noch schwer fallen, morgen schon selbstverständlich sein. Auf diesen Aspekt des Aufgabenmanagements werden wir noch genauer eingehen.

Der alte Esel Alltag

Psychische Ordnung resultiert vor allem aus zwei unterschiedlichen Faktoren: innerer Aufmerksamkeit und bestimmten praktischen Schritten. Beide bedingen sich gegenseitig: Je aufmerksamer Sie werden, desto leichter fallen Ihnen die praktischen Schritte und je genauer Sie sich an die praktischen Schritte halten, desto besser gelingt die innere Aufmerksamkeit.

Allerdings stellen wir immer wieder fest, dass es am Anfang des »Weges zum Selbst« leichter und entsprechend empfehlenswert ist, mit den greifbareren praktischen Schritten zu beginnen, zumal sie auf beinahe spielerische Weise zu erstaunlichen Resultaten führen.

In unseren Seminaren nennen wir sie die »Fünf Schritte zur psychischen Ordnung«, und Sie haben sich an den letzten beiden Tagen genau damit beschäftigt. Zu Ihrer Erinnerung fassen wie sie hier noch einmal zusammen:

Die fünf Schritte zur Herstellung von psychischer Ordnung

1. Visionscollage
Zeitlich noch nicht begrenzte Vorstellung zukünftiger »Zustände«.

2. Motivcollage
Zeitlich begrenzte, mich stark motivierende Vorstellung von »Zuständen« im Zeitraum von ca. sechs Monaten.

3. Zielformulierung
Nach den Spielregeln der Zielsetzung. Das Ziel wird durch eine Abschlusserklärung zum Ziel erklärt.

4. Brennpunktcollage mit Brennpunktprogramm
a) Das zentrale Ziel in Bildern (Wofür?)
b) Brennpunktprogramm
   1. Zielformulierung
   2. Zielbedingungen
   3. Erstes Teilziel

5. Aufgabenmanagement
Wochen- und Monatsplanung durch Erstellung einer groben Wochenübersicht und eines detaillierten Tagesplans.

Vor dem Hintergrund dieser fünf Schritte können Sie sich anhand von drei einfachen Fragen jederzeit überprüfen, wie es um Ihren Zustand psychischer Ordnung bestellt ist:

- **Wohin will ich?**
- **Wofür mache ich das Ganze?**
- **Was gibt es *jetzt* zu tun?**

Können Sie diese Fragen direkt beantworten? Wenn ja, dann ist es um Ihre psychische Ordnung bestens bestellt. Falls nein, stehen Ihnen jetzt die Werkzeuge zur Verfügung, um Ihre psychische Ordnung aufzubauen!

Diese Werkzeuge sind ungemein wirkungsvoll, wenn es darum geht, berufliche und persönliche Ziele zu erreichen.

Mit relativ wenig Einsatz sollte es Ihnen gelingen, sowohl emotionale Muster umzuprogrammieren als auch intellektuelle Klarheit zu gewinnen. Im Grunde genommen dürfte jetzt gar nichts mehr schief gehen. Dürfte? Warum die konjunktivische Einschränkung? Nun, einerseits könnte es sein, dass Sie im Zuge der Anwendung herausfinden, dass Ihnen die hier vorgestellte Art der Arbeit nicht liegt. Das ist völlig in Ordnung. Jeder Mensch ist sein eigenes Universum, und es gibt höchst unterschiedliche Angebote für den Umgang mit sich selbst. Suchen Sie sich das, was zu Ihnen passt.

Andererseits haben Sie einen ebenso unauffälligen wie mächtigen Gegenspieler. Wir nennen ihn den »alten Esel Alltag«. Waren Sie schon einmal in Spanien? Dann kennen Sie vielleicht diese archaischen Ziehbrunnen, die in einigen südlichen Dörfern heute noch in Betrieb sind. Bei diesen Brunnen wird das Wasser durch ein Eselchen emporgepumpt, das, durch eine Querstange mit dem Pumpmechanismus verbunden, tagaus, tagein im Kreis herumtrottet. Durch den immergleichen Weg, den unser Eselchen zurücklegt, bildet sich nach und nach eine Rille im trockenen Lehmboden und je tiefer diese Rille ist, desto mehr wird das brave Tier aus Bequemlichkeit geneigt sein, auch genau in dieser Spur zu bleiben. Zumindest theoretisch ist die Rille irgendwann so tief, dass der Esel ganz darin verschwindet:

Nicht viel anders ergeht es Ihnen. Sie stecken bis zu den Ohren in der Rille Ihrer alltäglichen Gewohnheiten und Pflichten.

Es fängt beim Aufstehen und Waschen an (erst Duschen, dann Zähneputzen oder erst Zähneputzen und dann Duschen?) setzt sich über das Frühstück fort (Kaffee oder Tee, Brötchen, Brot oder Müsli, Wurst oder Käse, Zeitung oder nicht Zeitung? usw.) und zieht sich über den ganzen Tag bis hin zum Schlafengehen. Und in dem Maße, in dem Sie ein »Gewohnheitstier« sind, neigen Sie auch geistig zur immergleichen Routine.

Daher werden Sie sich fragen, woher Sie eigentlich die Zeit nehmen sollen, um an den *fünf Schritten zur psychischen Ordnung* zu arbeiten – oder Sie fragen sich gar nicht erst, sondern verfallen nach ein paar enthusiastischen Tagen von allein wieder in Ihren üblichen Trott. Das ist sogar der wahrscheinlichere Fall. Wie kommen Sie aus Ihrer Rille heraus? Erst einmal durch zwei Dinge:

Durch Ihre Einsicht in die Notwendigkeit, etwas für sich tun zu müssen, und durch einen Entschluss!

Tatsächlich ist die einzige Macht auf Erden, die Sie zu einer positiven Veränderung bewegen kann, Ihr eigener Wille. Nur wenn Sie sich entschließen, etwas zu tun, wird es auch geschehen. So ist das menschliche Leben. Sie können nicht hoffen, dass irgendeine äußere Macht kommt und alles für Sie zum Guten wendet.

Egal, was man Ihnen gesagt hat – diese Macht liegt nur in Ihnen selbst. In der Kraft Ihres Entschlusses!

Allerdings sollten Sie auch nur jeweils eine Hürde nehmen, die nicht zu hoch für Sie ist. Ziehen wir als Beispiel noch einmal das Jogging heran. Wer zu trainieren anfängt, sollte nicht länger als zehn Minuten laufen und sich erst nach und nach steigern.

Ansonsten trabt er zweimal bis zur Erschöpfung die Straße entlang und hat dann die Nase voll. Ebenso verhält es sich in unserem Fall. Ändern Sie an Ihrer üblichen Routine vorerst nicht mehr als 30 Minuten täglich, und bedenken Sie, dass Sie diese 30 Minuten in die wichtigste Beziehung Ihres Lebens investieren: die Beziehung zu sich selbst!

Nehmen Sie sich morgens 20 Minuten Zeit, um sich mit Ihren Zielen und Aufgaben zu beschäftigen. Schaffen Sie sich intellektuelle Klarheit und »programmieren« Sie durch die Collagenarbeit Ihr Unbewusstes mit positiven Glaubensbildern Ihrer Wahl. Werfen Sie abends vor dem Zubettgehen noch fünf bis zehn Minuten einen Blick auf Ihre Brennpunktcollage und nehmen Sie die Bilder und Zielformulierungen mit in den Schlaf.

Experimentieren Sie mit sich und beobachten Sie, welche Resultate Sie auf diese Weise erzielen. Wenn Sie besondere Beobachtungen machen, schreiben Sie diese auf. Das gilt für Schwierigkeiten, aber besonders auch für Erfolgserlebnisse und Einsichten. So wird Ihr Wachstumsprozess für sie konkreter und nachvollziehbarer.

▶ Dritter Tag – Krisenmanagement

Störfaktoren und Widersacher

An den ersten zwei Tagen haben Sie mit den »fünf Schritten zur Herstellung psychischer Ordnung« gelernt, wie Sie Ihre inneren Kräfte mobilisieren können. Den Begriff psychische Ordnung haben wir dabei als einen Zustand definiert, in dem Sie sagen können: »Ich weiß genau, was ich will!« Psychische Ordnung zieht Eigenmotivation automatisch nach sich.

Am dritten Tag soll es nun verstärkt darum gehen, diese Eigenmotivation vor inneren Faktoren und äußeren Einflüssen zu schützen. Wir sprechen hier von den »fünf Schritten zur emotionalen Befreiung«. Auf verändertem Niveau werden wir dabei erneut auf Dinge zu sprechen kommen, um die es auch an den ersten beiden Tagen schon ging. Sie erinnern sich: Die Beschäftigung mit dem Selbst ist eine spiralförmige Aufwärtsbewegung! Allerdings eine Aufwärtsbewegung, die hin und wieder ins Stocken geraten kann.

Manchmal mag es Ihnen sogar scheinen, als verkomplizierten sich die Dinge in dem Maße, in dem Sie sich bemühen, sie zu verbessern. Dies kann verschiedene Ursachen haben. Zum einen kann es daran liegen, dass Sie zum ersten Mal bereit sind, wirklich hinzusehen, was in Ihrem Leben vor sich geht, und Ihnen dabei Probleme auffallen, die Sie zuvor hartnäckig ignoriert haben. Oder Sie rufen mit Ihrem Veränderungsprozess bei Ihren Mitmenschen Gegenkräfte auf den Plan.

Sobald Sie anfangen sich zu verändern, werden Sie zu einem Spiegel, in dem andere Leute die eigene Trägheit klar umrissen betrachten können. Das ist natürlich wenig erfreulich, weswegen es immer Leute geben wird, die Sie auf das gewohnte, »sozial verträgliche« Maß zurückstutzen wollen. Wundern Sie sich also nicht, wenn Sie plötzlich Sätze hören wie: »Du hältst dich wohl für was Besseres!« oder »Na, bist du jetzt auch auf dem Psychotrip oder was?« Ein nicht unerheblicher Teil der zwischenmenschlichen Beziehungen gründet auf der stillschweigenden Übereinkunft, bloß nichts zu verändern und vor allem nicht an wunde Punkte zu rühren.

Alles soll bleiben, wie es ist. Dann ist es zwar nicht gut, aber irgendwie überschaubar, bekannt und bequem. Sie können dieses Phänomen im Großen wie im Kleinen beobachten. Ob sich die etablierten Kräfte im Land gegen notwendige Reformen zur Wehr setzen oder sich ein mäßig erfolgreicher Freund über Sie mokiert, weil Sie plötzlich »höhere Ambitionen« entwickeln, geht letztlich auf dasselbe Beharrungsbedürfnis zurück.

Aber auch unabhängig von Ihrem jetzigen Veränderungsprozess geraten Sie im Leben immer wieder an Menschen und in Situationen, die Ihre psychische Ordnung und damit Ihre Eigenmotivation gefährden. Wir sprechen in diesem Zusammenhang von »Störfaktoren« und »Widersachern«. Als Störfaktoren bezeichnen wir Geschehnisse, die Sie als Störung auf dem Weg zu ihrem Ziel empfinden, weil sie Ihre Gedanken beschäftigen und damit Energie binden. Ein Widersacher ist gemäß unserer Definition eine Person, ein Gegenstand oder ein Umstand, der in der Lage ist, sich Ihrer Gedanken länger anhaltend zu bemächtigen und der sich immer gegen die Verwirklichung Ihrer Ziele richtet. Unter dem Einfluss eines

Widersachers fühlen Sie sich fremdgesteuert, ohnmächtig, gequält und ausgeliefert. Im Leben von Menschen, die sich permanent deprimiert und ausgeliefert fühlen, gibt es fast immer einen oder mehrere solcher »Widersacher«. Wie Sie vorhandene Störfaktoren und Widersacher aufspüren und überwinden sowie zukünftige vermeiden können, wird uns also am heutigen Tag beschäftigen. Sie werden dabei Methoden kennen lernen, anhand derer Sie selbstständig dafür sorgen können, sich emotional zu befreien. Wir sprechen dabei von den »fünf Schritten zur emotionalen Befreiung«. Mit ein wenig Einsatz wird das, was Sie heute noch belastet, morgen schon eine lösbare Aufgabe sein. Das glauben Sie nicht? Probieren Sie es aus. Es klappt garantiert!

Was ist, das ist. – Aber was ist eigentlich?

Kennen Sie das Gefühl, morgens bedrückt und dumpf zu erwachen? So als hätte der Schlaf nicht den geringsten Erholungseffekt gezeitigt? Sie stehen mürrisch auf, gehen lustlos zur Arbeit, wissend, dass tausend eilige Erledigungen und dringende Telefonate auf Sie warten. Wahrnehmen, was ist, denken Sie, Zielsetzung?

Pah! – Beim besten Willen haben Sie jetzt weder Zeit noch Lust, sich mit Psychokram zu beschäftigen. Um dem Druck zu begegnen, unter dem Sie stehen, flüchten Sie sich in gesteigerte Betriebsamkeit. Was eigentlich los ist, wollen Sie gar nicht so genau wissen. Als Resultat schwanken Sie tagsüber zwischen Nervosität, Gereiztheit und Niedergeschlagenheit, arbeiten hektisch, aber völlig uneffektiv und geraten obendrein dauernd in Konflikt mit anderen. Nachts werden Sie, anstatt Ruhe zu finden, von den »Geistern« bedrängt, die Sie tagsüber meiden.

Kurz, Sie stecken in einem Circulus vitiosus, der Ihre psychische und physische Energie in steigendem Maße bindet. Irgendwann bricht dann alles über Ihnen zusammen und Sie lassen »das Unvermeidliche« völlig entkräftet und apathisch über sich ergehen. Schließlich haben Sie getan, was Sie konnten, und jetzt ist es auch schon egal ... Auf Sie bezogen mag das stark überzeichnet sein. Aber wir kennen genügend Menschen, deren persönliches »Krisenmanagement« genau so aussieht. Vor Schwierigkeiten, gleich ob privater oder beruflicher Natur, flüchten sie in blinde Arbeitswut, geht etwas daneben, bezichtigen sie ihre Mitarbeiter und Kollegen des Versagens, und wenn man sie fragt, was eigentlich los ist, bekommt man zu hören, dass heute einfach niemand mehr bereit sei, mal richtig anzupacken.

»Ich schufte wie ein Bekloppter«, beschwerte sich vor kurzem der Chef eines Münchener Start-ups, »während meine neue Sekretärin nur daran denkt, pünktlich um fünf den Stift fallen zu lassen!«

Die neue Sekretärin, übrigens schon die dritte innerhalb eines Jahres, sieht die Sache völlig anders: »Klar«, sagt sie, »die Firma steckt in Schwierigkeiten. Aber anstatt sich mal in aller Ruhe mit den Ursachen zu beschäftigen und dann geeignete Maßnahmen einzuleiten, glaubt mein Exchef anscheinend, er könne die Probleme durch hektisches Flügelschlagen vertreiben wie ein verschrecktes Huhn den Hühnerdieb. Er arbeitet sich kaputt ohne die geringste Chance auf

Verbesserung und reagiert auf den leisesten Anflug von Kritik mit Tobsuchtsanfällen. Danke, ohne mich!« Inzwischen hat sie gekündigt.

Tatsächlich hat die inzwischen also schon wieder ehemalige neue Sekretärin den Nagel auf den Kopf getroffen: Eine unaufgeregte Beschäftigung mit den Problemen, Ursachen und Lösungen wäre der richtige Weg. Aber viele Leute, nicht nur unser Start-up-Unternehmer, vermeiden genau dies. Die Gründe für ihre Vermeidungsstrategie sind meistens ebenso menschlich wie banal. Manche haben schlichtweg Angst, den Dingen direkt ins Auge zu sehen und verdrängen sie deshalb so lange, bis sie von ihnen völlig überwältigt werden.

Andere, vor allem Männer, fürchten einen Gesichtsverlust, wenn sie eingestehen Probleme zu haben. Ein echter Mann hat schließlich immer alles im Griff! – Während sie sich innerlich fühlen wie verängstigte kleine Jungs, markieren sie deshalb nach außen so lange es geht den starken Mann, ohne im geringsten zu bemerken, dass ihr Umfeld (und vor allem die Frauen, denen sie imponieren wollen) längst begriffen haben, wo der Hase langläuft.

Lassen Sie es uns unverblümt sagen: Notwendige Veränderungen aus Prestigegründen zu vermeiden, ist die dümmste Strategie, die man anwenden kann. Wirklich, vor dem Hintergrund des Gedankens substanziellen Wachstums gibt es nichts Abwegigeres, als immer »cool rüberkommen« zu wollen!

Echte Coolness, oder sagen wir lieber Gelassenheit, ist eine automatische Folge der Fähigkeit mit dem sein zu können, was ist, keine Sean-Connery-Gummimaske auf dem Haupt eines pickligen Teenagers. Deshalb sollten Sie jeden Gedanken daran, was andere über Sie tratschen könnten, in den Wind schießen und sich darauf konzentrieren, was es für Sie zu tun gibt.

Die Leute denken und reden sowieso, was sie wollen, daran können Sie nichts ändern. Wenn Sie nun danach trachten, jederzeit einem Image oder einer gesellschaftlichen Konvention gerecht zu werden, verschwenden Sie nur Ihre Zeit. Schreiten Sie voran, und Sie werden sehen, dass Sie diejenigen, die vielleicht heute noch mitleidig den Kopf über Sie schütteln, morgen schon hinter sich zurückgelassen haben ...

Kommen wir also zurück zum Ausgangspunkt unserer kleinen Erörterung, dem bedrückten und irgendwie dumpfen Erwachen. Was können Sie tun, wenn Sie morgens am Frühstückstisch sitzen und merken, dass irgendwas ganz gewaltig nicht stimmt? – Nun, wir empfehlen Ihnen, dass Sie sich erstmal Stift und Papier schnappen und alles aufschreiben, was Ihnen durch den Kopf geht! Erstellen Sie eine Sammelliste. Damit machen Sie einen ersten, effektiven Schritt, um Störfaktoren und Widersachern zu Leibe zu rücken.

Die Sammelliste

Erstellen Sie bitte eine Sammelliste mit allen Punkten, die Sie nachhaltig beschäftigen. Gehen Sie dabei in folgenden Schritten vor:

A. Kopf leer räumen
Bitte schreiben Sie zunächst alles auf, was Sie zurzeit beschäftigt. Dabei kann es sich um unerledigte Aufgaben, ungelöste Probleme, aber auch noch nicht realisierte Ideen oder Ähnliches handeln.

Üben Sie keine »Selbstzensur« aus, sondern schreiben Sie alles auf, was Ihnen einfällt – auch das, was Ihnen zunächst unwichtig erscheint. Erst wenn Sie das Gefühl haben, dass alles »raus« ist, gehen Sie zu Schritt B über. Die Wirkung dieser Übung hängt ganz wesentlich von dem subjektiven Gefühl ab, dass Sie alles, was Sie derzeit beschäftigt, auf Ihrer Sammelliste erfasst haben.

B. Systematisches Erfassen aller erforderlichen Aufgaben
Im zweiten Schritt überprüfen Sie bitte anhand der hier vorgestellten Systematik, ob auch tatsächlich alle Aufgaben, die es zurzeit in Ihrem Leben zu erledigen gilt, auf Ihrer Sammelliste erfasst sind. Was genau ist nun aber eine Aufgabe? Eine Aufgabe ist dadurch definiert, dass sie einen oder mehrere der folgenden Punkte abdeckt. Sie dient dazu, entweder:

1. Ihre Ziele zu erreichen

2. Ihre Eigenmotivation zu stabilisieren

3.a Ihre körperlichen und emotionalen Bedürfnisse zu befriedigen (z. B. Theater- oder Konzertbesuch, Abendessen mit dem Lebenspartner, Meditation, Sport, Wellness usw.)

3.b oder die Ordnung Ihrer Lebensumstände aufrechtzuerhalten (z. B. Steuererklärung, Autoreparatur, Friseur,

Büroorganisation, Ablage, Wohnung aufräumen, Gartenarbeit usw.)

Als Ergebnis dieses zweiten Schrittes sollten Sie sämtliche Aufgaben erfasst haben, die zum Erreichen Ihrer Ziele, zur Stabilisierung Ihrer Eigenmotivation und zur Befriedigung Ihrer körperlichen und emotionalen Bedürfnisse bzw. der Aufrechterhaltung ihrer geordneten Lebensumstände notwendig sind.

Einen Vordruck für eine Sammelliste finden Sie auch in der H2R Readers Lounge unter www.h2r-readers-lounge.de. Wenn Sie mit Ihrer Sammelliste fertig sind, werden Sie feststellen, dass Sie sich bereits unheimlich erleichtert fühlen. Ständig »den Kopf voll zu haben« bindet enorm viel Energie, und entsprechend befreiend ist es, wenn Sie anhand des einfachen Mittels der Sammelliste Ihren Kopf leer räumen und alles, was Sie im Moment beschäftigt, vor sich auf einem Blatt Papier versammelt sehen. Wir empfehlen Ihnen, sich das Führen einer Sammelliste zur ständigen Gewohnheit zu machen. Tragen Sie immer Stift und Zettel oder ein kleines Diktiergerät mit sich herum. Egal mit welchem Lebensbereich es zu tun hat – sobald Ihnen eine Idee oder eine Aufgabe durch den Kopf geht, schreiben oder sprechen Sie sie auf und übertragen Sie Ihre gesammelten Werke des Tages abends auf Ihre Sammelliste. Wir werden gleich noch darauf zu sprechen kommen, wie Sie mit den Störfaktoren und Widersachern verfahren können, die Sie auf Ihrer Liste finden.

Alles eine Frage der Haltung

Wie Sie inzwischen wissen, ist psychische Ordnung im Grunde ganz einfach herzustellen. Sie brauchen lediglich drei Fragen zu beantworten, deren Systematik wir bereits beschrieben haben:

- **Wohin will ich?** (mein Ziel)
- **Wofür mache ich das Ganze?** (mein Motiv)
- **Was gibt es jetzt zu tun?** (Der Weg zum Ziel)

Simpel, nicht wahr? Aber mit der psychischen Ordnung ist es so eine Sache. Viele Zeitgenossen entwickeln die größte Kreativität, wenn es darum geht, sich um sie zu drücken.

Dabei gehen sie ähnlich vor wie Menschen, die auch bei wichtigen Terminen permanent zu spät kommen und immer eine absolut einleuchtende Erklärung dafür parat haben.

Eine Freundin von uns, eine Jazz-Sängerin, hat seit einiger Zeit einen neuen, äußerst begabten Pianisten in ihrer Band. Allerdings rückt dessen musikalische Begabung immer mehr aus dem Blickfeld, weil es dem jungen Mann einfach nicht gelingen will, pünktlich zu den Proben zu erscheinen. Egal, wie lange der Termin festgesetzt, egal, wie gründlich er abgesprochen war, und egal auch, wie definitiv der Pianist ihn einzuhalten versprochen hatte – wenn er nicht wegen irgendwelcher dringenden Angelegenheiten kurz vorher noch absagt, kommt er grundsätzlich mindestens eine halbe Stunde zu spät und trägt jedes Mal eine sehr plausible Entschuldigung vor, warum es ihm nicht möglich war, pünktlich zu erscheinen.

Das eine Mal musste er vorher noch zum Amt und wurde dort aufgehalten, das andere Mal steckte er wegen eines Unfalls im Stau fest, und bei der nächsten Probe hatte seine kleine Tochter Durchfall und musste zum Arzt gebracht werden. Irgendwas ist immer. Allerdings müssen auch jedes Mal fünf Leute auf ihn warten, und unsere Freundin, die als Berufsmusikerin von der Verlässlichkeit Ihrer Kollegen abhängt, sieht sich mittlerweile notgedrungen nach einem neuen Pianisten um. Das allerdings ist eine andere Geschichte. Was uns an dieser Stelle lediglich interessiert, ist die Frage, warum es einigen Menschen gelingt, Ihre Zusagen einzuhalten, während andere anscheinend größte Schwierigkeiten damit haben. Offensichtlich hat diese Frage nichts mit den jeweiligen Umständen zu tun.

Als Menschen befinden wir uns immer in irgendwelchen Umständen. Auf der einen Seite existieren Umstände und auf der anderen Seite das gegebene Wort, in unserem Fall: Ich werde zu diesem bestimmten Zeitpunkt an dieser bestimmten Stelle sein!

Schon anderweitig hatten wir bemerkt, dass die Zukunft nicht existiert; sie ist eine leere Fläche, auf die Sie für Ihre Mitmenschen mittels Ihres Worts eine Möglichkeit projizieren: So wird es sein! »Ich bin am nächsten Donnerstag um fünf im Proberaum in der Auguststraße!« oder »Ich mache uns mal einen Kaffee!« oder »Ich werde in diesem Jahr meinen Umsatz verdoppeln!«

Kommunikation und Interaktion sind also zu weiten Teilen Versprechen auf die Zukunft, die immer nur im Wort existiert. Das ist eine Tatsache. Es gehört zu unserer menschlichen Natur, dass wir Zukunft sprachlich entwerfen und handelnd als Gegenwart realisieren. Ohne solche Versprechen auf die Zukunft gäbe es keine Kultur, keine Zivilisation und letztlich kein menschliches Leben.

Egal ob ein Wohnhaus, eine Ehe, eine Ausbildung, eine Kaffeemaschine, ein Arbeitsplatz, ein Projekt oder ein Frühstücksei – bevor irgendetwas existierte, was Ihnen heute in Ihrem Leben als selbstverständlich erscheint, war es solch ein Versprechen auf die Zukunft, das irgendjemand sich selbst oder anderen gegeben hat.

Allerdings ist ebenso wahr, dass in einem Versprechen noch lange keine Garantie auf Gelingen steckt. Es kann jederzeit auch daneben gehen. Schließlich gibt es nicht nur *Ihr* Wort und *Ihre* Absichten, sondern auch die offenen und versteckten Absichten anderer, die unter Umständen darauf aus sind, Ihnen einen Strich durch die Rechnung zu machen. Es gibt andere Absichten, es gibt Störfaktoren und es gibt Widersacher. Wenn Sie in Ihrer Vergangenheit oft genug erlebt haben, dass Ihre Bestrebungen durchkreuzt wurden, kann es sein, dass Sie irgendwann zu der Überzeugung gelangt sind, es sei zu gefährlich, ein Versprechen auf die Zukunft zu leisten, mehr noch, es sei gar nicht möglich, denn schließlich hängt nicht von Ihnen ab, was passiert ... Kurz gesagt, Sie nehmen sicherheitshalber die Haltung der Wirkung ein. Jetzt kann Ihnen nichts mehr passieren, puh! Sie sind nur ein Rädchen im Getriebe, abhängig, abhängig, abhängig: »Ich wollte ja pünktlich kommen, aber das ging nicht, weil ...«

»Also das mit dem ‚Ich weiß genau, was ich will' ist doch totaler Quatsch, das klappt ja doch alles nicht.«

»Wer weiß, wie sich die Wirtschaft entwickelt oder was aus meiner Partnerschaft wird oder ob nicht morgen mein Auto streikt!« usw. Ob Sie also eine Zusage machen und einhalten können, ist eine Frage der Haltung, die Sie einnehmen. Nehmen Sie die Haltung der Wirkung ein, bestimmen Sie die Umstände:

Sie *können* gar nicht pünktlich sein, denn immer geschieht irgendetwas, was sich Ihrer Kontrolle entzieht und Sie hindert, Ihr Wort zu halten. Es *hat keinen Sinn*, sich um psychische Ordnung zu bemühen, am Ende warten ja doch nur Enttäuschung und Frust.

Das Interessante daran ist, dass diese Haltung aus Ihren eigenen Gedanken resultiert. Sie haben sie selbst eingenommen und sie damit zur Wirkung gemacht. Nehmen Sie hingegen die Haltung der Ursache ein, ist Ihre Zusage nicht länger etwas, was von äußeren Faktoren abhängt.

Ihr Wort ist gewissermaßen die Manifestation des ursächlichen Selbst und als solches sorgen Sie dafür, dass geschieht, was Sie sagen – gleichgültig welche Hindernisse auftauchen!

Wenn Sie sich also systematisch um Ihre Ziele kümmern und sich dann aus einem Zustand der psychischen Ordnung heraus an die Umsetzung machen, dann tun Sie zweierlei:

Sie geben sich selbst eine Zusage für die Gestaltung Ihrer Zukunft und Sie üben sich in Ursächlichkeit. Das ist nicht nur ein entscheidender Schritt auf dem Weg zu Ihrem persönlichen Gipfel, sondern auch unerlässlich für die Überwindung von Störfaktoren und Widersachern. Denn die haben immer nur so viel Macht über Sie, als Sie in der Position der Wirkung verharren. Deswegen lautet unsere zweite Empfehlung zur Überwindung von Störfaktoren und Widersachern:

- **Verdeutlichen Sie noch einmal Ihre Zielvorstellung!**

Lassen Sie sich von Ihren Entschuldigungen, Ausflüchten und Ihrer Bequemlichkeit ebenso wenig aufhalten wie von Ihren Sorgen und Bedenken. Fragen Sie sich erneut:

- **»Weiß ich genau, was ich will?«**

Falls noch die geringste Unklarheit herrscht, nehmen Sie sich Ihre Ziele noch einmal vor, und erst wenn die Antwort feststeht, gehen Sie zu unserem nächsten Abschnitt über. Übrigens bringt Ihnen solche Zielklarheit über das bereits Gesagte hinaus noch einen weiteren, wichtigen Nutzen. Störfaktoren waren laut unserer Definition Geschehnisse, die eine Störung auf dem Weg zu einem bestimmten Ziel darstellen. Nun geschehen im Leben ständig tausenderlei kleinere und größere Dinge, die mal angenehmer, mal unangenehmer sind.

Im Zustand psychischer Unordnung können diese Dinge leicht zu einer ständigen latenten Belastung führen, weil Sie sich allein schon durch deren schiere Fülle überwältigt fühlen. – Sie erinnern sich: Psychische Unordnung hatten wir als einen Zustand definiert, in dem Ihnen alles als »irgendwie gleich wichtig« erscheint. Sobald Sie jedoch genau wissen, wohin Sie wollen, wird klar, was Störfaktoren sind, derer Sie sich annehmen müssen, und was Geschehnisse, die Ihnen auf dem Weg zu Ihrem Ziel überhaupt nicht im Weg stehen. Letztere können Sie auf diese Weise leicht aussondern und links liegen lassen. Es gibt keine Notwendigkeit für Sie, sich darum zu kümmern!

Die Kraft der Unterscheidung

Neben ihren vielen anderen Vorzügen hilft Zielklarheit also auch bei der Unterscheidung – ein Thema, das uns auch im folgenden Abschnitt noch beschäftigen wird. Sicher erzählen wir Ihnen nichts Neues, wenn wir sagen, dass unterscheiden, sprich: die trennenden Merkmale von mehreren Dingen oder Sachverhalten feststellen zu können, für eine erfolgreiche Lebensmeisterung von zentraler Bedeutung ist. Manche Autoren sprechen zu Recht von der »Kraft der Unterscheidung«. Kraft bedeutet laut Wörterbuch die »Fähigkeit, etwas zu bewirken«, und mit der Kraft der Unterscheidung bewirken Sie intellektuelle und/oder emotionale Klarheit über einen Sachverhalt. Ohne Unterscheidungsvermögen sind weder psychische Ordnung noch emotionale Befreiung möglich.

- **Für Sie gilt es zunächst, zwischen Aufgaben, Störfaktoren und Widersachern zu unterscheiden.**

Sie finden eine entsprechende Störfaktoren- und Widersacherliste in der Readers Lounge. Nehmen Sie also bitte Ihre Sammelliste und außerdem ein paar leere Blätter zur Hand.

Noch stehen auf Ihrer Sammelliste sämtliche Dinge, die Sie zurzeit beschäftigen. Ordnen Sie Ihre Liste jetzt nach den drei Kategorien. Die Aufgaben schreiben Sie separat auf und legen Ihre Aufgabenliste dann erst einmal beiseite.

Als nächstes notieren Sie alles, was Sie stört, behindert oder demotiviert, also Ihre Störfaktoren und Widersacher – bitte getrennt voneinander, d. h. jeweils ein Blatt oder eine Spalte mit den Störfaktoren und mit den Widersachern. (Falls Sie jeweils mehr als ein Blatt benötigen sollten, nehmen Sie natürlich so viele Blätter, wie Sie brauchen. Achten Sie vor allem auf die Vollständigkeit Ihrer Listen!)

Zur besseren Unterscheidung noch einmal die Definitionen der einzelnen Kategorien. Eine **Aufgabe** dient:

1. der Erreichung Ihrer Ziele,
2. der Stabilisierung der Eigenmotivation,

3.a. der Befriedigung Ihrer körperlichen und emotionalen Bedürfnisse oder
3.b. der Aufrechterhaltung geordneter Lebensumstände.

Störfaktoren sind solche Geschehnisse, die Sie als Störung auf dem Weg zu Ihrem Ziel empfinden, weil sie Ihre Gedanken beschäftigen und damit Energie binden. Auch Aufgaben, die nicht den oben genannten Kriterien entsprechen, bezeichnen wir in Zukunft als Störfaktoren, da sie automatisch als Störung auf dem Weg zum Ziel empfunden werden.

Ein Widersacher ist eine Person, ein Gegenstand oder ein Umstand, der in der Lage ist, sich Ihrer Gedanken länger anhaltend zu bemächtigen und der sich immer gegen die Verwirklichung Ihrer Ziele richtet. Unter dem Einfluss eines Widersachers fühlen Sie sich fremd gesteuert, ohnmächtig, gequält und ausgeliefert. Im Leben von Menschen, die sich permanent deprimiert und ausgeliefert fühlen, gibt es fast immer einen oder mehrere solcher »Widersacher«. Sind Sie mit Ihrer S&W-Liste fertig? Prima!

Ein mittlerweile geflügeltes Wort sagt:
Es gibt keine Probleme, sondern nur ungelöste Aufgaben. Wahrscheinlich haben Sie bislang gedacht, tja, theoretisch mag das ja stimmen, aber in der Realität ...

Vergessen Sie solche Bedenken. Anhand Ihrer Liste können Sie nun selbst den Beweis antreten, dass dies wirklich so ist. Im Folgenden zeigen wir Ihnen, wie Sie Störfaktoren und Widersacher in Aufgaben umwandeln können.

Die einzigen Voraussetzungen sind Ihr Wille und Ihre Beharrlichkeit, sich den einzelnen Lösungsschritten zu widmen.

Die Lösungsstrategie

Bitte nehmen Sie sich einen Punkt Ihrer S&W-Liste exemplarisch vor und gehen Sie jeweils die folgenden Schritte durch. Später können Sie mit jedem Störfaktor oder Widersacher entsprechend verfahren.

1. Beschreibung des Ist-Zustandes
Was genau ist das Problem? Versuchen Sie es möglichst genau auf den Punkt zu bringen, was Sie bedrückt. Je genauer Ihre Problembeschreibung, desto leichter die Lösung!

2. Ist es änderbar?
Hier gibt es zwei mögliche Antworten:

a. **Nein!** – Falls Ihr Problem nicht zu ändern ist, sollten Sie es akzeptieren und daraus profitieren. Akzeptieren kommt aus dem Lateinischen und bedeutet übersetzt »annehmen«: So ist es, und ich kann es im Moment nicht ändern! Aber **Vorsicht: Akzeptieren ist nicht gleichbedeutend mit resignieren, etwas anzunehmen heißt nicht, es hinzunehmen.** Bei dieser Unterscheidung müssen Sie sehr genau sein! Wenn Sie Ihr Problem einfach nur hinnehmen, begeben Sie sich in die Opferhaltung und verlieren Sie Möglichkeit, Ihr Leben verantwortlich zu gestalten. Wenn Sie Ihr Problem jedoch genau benennen und annehmen können, bringen Sie sich in die (ursächliche) Lage, irgendwann einen Sinn darin zu erkennen, der Sie in Ihrer Entwicklung voranbringt.

b. **Ja!** Dann gehen Sie weiter zu Schritt 3.

3. Welche Ursache(n) hat der Störfaktor oder Widersacher?
Warum haben Sie dieses Problem? Um ein Problem auch dauerhaft lösen zu können, ist es erforderlich, seine Ursache zu kennen. Versuchen Sie diese Ursachen zu ergründen. Seien Sie möglichst genau und möglichst ehrlich. Beenden Sie Ihre »Ursachenforschung« erst, wenn Ihnen zu dem Thema partout nichts mehr einfallen will.

4. Wie stelle ich mir den Idealzustand in dieser Situation vor?
Was genau wollen Sie in der Zukunft in Hinblick auf Ihr Problem erreicht haben? Erschaffen Sie vor Ihrem geistigen Auge eine ideale zukünftige Szene, in der Sie den Störfaktoren/den Widersacher überwunden haben. Welchen Zustand wollen Sie in Bezug auf diese Situation konkret erreichen?

5. Was kann ich tun?
Welche Möglichkeiten haben Sie, den beschriebenen Idealzustand unter Berücksichtigung der Ursachen zu erreichen? Erarbeiten Sie mindestens fünf Lösungsmöglichkeiten. Hier kann es gut sein, dass Sie das Gefühl beschleicht, das sprichwörtliche Brett vorm Kopf zu haben, und Ihnen erstmal rein gar nichts einfällt.

Lassen Sie sich davon nicht beirren, sondern bleiben Sie dran, bis sich »das Brett löst«. Sie werden sehen: Je mehr Lösungsmöglichkeiten Sie sich ausdenken, desto kleiner erscheint Ihnen das Problem im Verhältnis. Das ist einer von drei wesentlichen Gründen, warum Sie sich stets bemühen sollten, mehr als nur eine Lösungsmöglichkeit zu erschaffen. Darüber hinaus ist es vorteilhaft, Reservelösungen für den Fall parat zu haben, dass die erste nicht funktioniert. Und schließlich ist es in vielen Situationen sinnvoll, ein Problem durch eine Kombination verschiedener Lösungsmöglichketten gleich von mehreren Seiten anzugehen. Diese drei Vorteile entgehen Ihnen, wenn Sie an dieser Stelle nicht kreativ genug sind

6. Entscheidung für eine Lösung, bzw. eine Kombination aus verschiedenen Lösungsmöglichkeiten.
Welchen Weg halten Sie unter Berücksichtigung aller Ihnen bekannten Daten für am besten geeignet, um sich von Ihrem Störfaktor oder Widersacher zu befreien? Finden Sie es heraus und treffen Sie eine Entscheidung für diesen Weg.

Ein kluger Mensch hat einmal gesagt, dass jede Entscheidung besser sei als keine Entscheidung. Warum? Weil Sie sich dadurch in die Gestalterrolle begeben und die Lähmung überwinden, die jede Unschlüssigkeit mit sich bringt. Wenn Sie alle Ihnen bekannten Faktoren in Ihre Überlegungen einbeziehen, gibt es übrigens auch keine falschen Entscheidungen, sondern nur unbekannte Größen, die bewirken, dass eine Entscheidung nicht die erwarteten Resultate zeitigt. Wenn das geschieht, nun, dann treffen Sie einfach aufgrund der veränderten Daten eine neue Entscheidung. Wir können es gar nicht oft genug wiederholen: Bleiben Sie in der Gestalterrolle, dann können die Dinge gar nicht anders, als sich langfristig zum Besseren zu wandeln!

7. Rückcheck:
Bin ich bereit zu handeln und Verantwortung zu übernehmen? Falls nicht, gehen Sie bitte zurück zu Schritt 4!

8. Welche Aufgaben entstehen daraus?
Was müssen Sie konkret tun, um die gewählte Lösung umzusetzen?

9. Wann tue ich was?
Entscheiden Sie sich, welchen Ihrer konkreten Schritte Sie wann umsetzen und bis wann Sie sich von Ihrem Störfaktor bzw. Widersacher ganz befreit haben wollen. Übertragen Sie die Schritte in Ihren Terminkalender.

10. Welche Vorteile bringt die Befreiung von diesem Störfaktor oder Widersacher?
Machen Sie sich klar, was sich in Ihrem Leben durch die Befreiung von Ihrem Störfaktor oder Widersacher verändern wird. Was gewinnen Sie dadurch? Sind Sie bereit dafür, dass sich dieser Punkt in Ihrem Leben tatsächlich verbessert?

Eine Frage, die Sie nicht unterschätzen sollten. Oft findet unbewusst gerade bei Widersachern eine seltsame Gewöhnung statt. Man hat sich mit der ständigen Bedrückung so eingerichtet, dass man zwar vom Kopf her meint sie loswerden zu wollen, aber gefühlsmäßig so verstrickt ist, dass man sie nicht loslassen kann, weil man die Leere fürchtet, die an ihre Stelle treten könnte. Malen Sie sich also den Gewinn in leuchtenden Farben aus und füllen Sie die befürchtete »Leerstelle«.

Das Wechselspiel der Kräfte

Nachdem Sie Ihre Störfaktoren und Widersacher in zu erledigende Aufgaben umgewandelt haben, bleibt Ihnen noch ein letzter Schritt von unseren »fünf Schritten zur emotionalen Befreiung«:

- **Übertragen Sie Ihre neuen Aufgaben in die Aufgaben-Sammelliste**

Wenn Sie diese fünf Schritte zur emotionalen Befreiung gegangen sind, dann finden Sie auf Ihrer Sammelliste etliche Aufgaben zu folgenden Aufgabenbereichen:

1. Aufgaben zur Zielerreichung,

2. Aufgaben zur Stabilisierung der Eigenmotivation,

3. Aufgaben zur
a) Befriedigung Ihrer körperlichen und
emotionalen Bedürfnisse
oder zur

b) Aufrechterhaltung geordneter Lebensumstände
und schließlich

4. Aufgaben zur Lösung von Störfaktoren und Widersachern.

Um angesichts der Aufgabenvielfalt einen besseren Überblick zu gewinnen, sollten Sie die Aufgaben nun mit Prioritäten versehen. Zur Einteilung in die vier Prioritäten-Klassen bewerten Sie bitte jede Aufgabe nach zwei Kriterien:

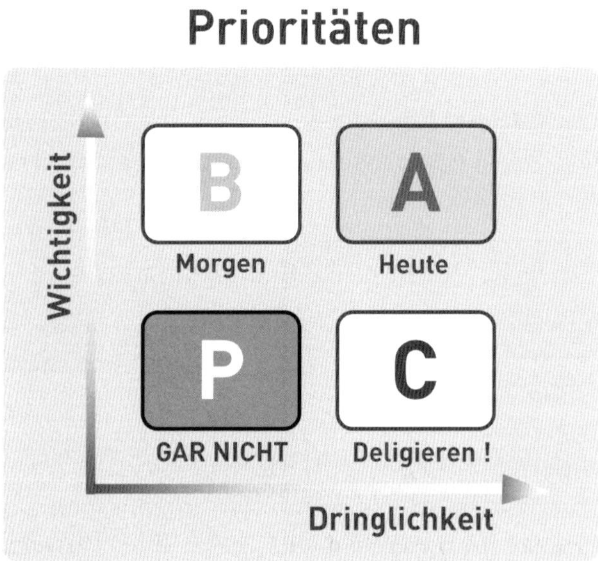

1. Wichtigkeit
Fragen Sie sich zunächst, ob diese Aufgabe direkt etwas mit der Erreichung Ihrer Ziele zu tun hat. Bringt Sie die Erledigung dieser Aufgabe Ihren Zielen näher?

2. Dringlichkeit
Im Anschluss daran überlegen Sie, wie dringend die jeweilige Aufgabe ist. Welche Konsequenzen hat die Nichterledigung?

Bei Wichtigkeit und Dringlichkeit handelt es sich um zwei unabhängige Qualitäten, die eine Aufgabe beinhaltet. So etwa ist die jährliche Steuererklärung zwar in den meisten Fällen völlig nutzlos für die Erreichung persönlicher Ziele, muss aber an einem bestimmten Zeitpunkt trotzdem sehr dringend erledigt werden.

Wir unterscheiden dabei vier verschiedene Prioritätenarten:

Eine Aufgabe der **Priorität A** ist für Ihre Zielerreichung so wichtig und so dringend, dass Sie sie heute noch erledigen müssen.

Eine Aufgabe der **Priorität B** mag zwar für Ihre Zielerreichung noch sehr wichtig sein, ist aber nicht mehr ganz so dringend. Diese Aufgaben können auch noch morgen oder später erledigt werden.

Die Aufgaben der **Priorität C** hingegen haben nichts mehr mit Ihrer Zielerreichung zu tun. Sie müssen erledigt werden, da Sie dringend sind und durch Ihre Missachtung eventuell neue Störfaktoren entstehen können. Diese Gruppe von Aufgaben sollten Sie, wenn möglich, zu delegieren versuchen.

Zur **Priorität P** gehören zu guter Letzt Aufgaben, die weder für Ihre Zielerreichung wichtig, noch besonders dringend sind. Diesen Aufgaben brauchen Sie keine besondere Bedeutung mehr beizumessen. Sie bleiben sozusagen als Bodensatz in der Sammelliste bestehen, bis Sie einen Dringlichkeitsgrad erreicht haben, der sie zu C-Prioritäten macht.

So aufbereitet gibt Ihnen Ihre Sammelliste jeden Tag einen sehr genauen Überblick über das, was für Sie derzeit wesentlich ist. Wie gesagt handelt es sich bei unserer Methode zur emotionalen Befreiung nur um *eine* Möglichkeit, mit Problemen umzugehen. Allerdings um eine Möglichkeit, von der wir guten Gewissens behaupten können, dass sie funktioniert und greifbare, positive Ergebnisse zeitigt.

Was den Rahmen dieser Methode überschreitet, sind gravierende psychische Probleme und Belastungen, die auf tief greifende traumatische Erlebnisse zurückzuführen sind und vielleicht eher einer therapeutischen Begleitung bedürfen. Aber selbst in diesem Fall bringt der hier gezeigte Ansatz erste Entlastung und ein höheres Maß an Klarheit, ohne deshalb ein Ersatz für systematisch-therapeutische Arbeit zu sein.

Es zeigt sich immer wieder, dass allein schon das systematische Identifizieren und Benennen von Problemen einen Großteil der damit verbundenen psychischen Ladung auflöst. Unter dem methodisch geschulten Blick erweist sich in den meisten Fällen, dass nicht die (scheinbar) unlösbaren Widersacher, sondern lösbare Aufgaben die Mehrzahl der für das eigene Wohlbefinden relevanten Themen ausmachen. Tatsächlich besteht ein beträchtlicher Teil psychischen Unwohlseins aus einer Akkumulation unerledigter Aufgaben.

Jede Aufgabe, die Sie nicht zum Abschluss bringen, bindet Energie, da Sie sich geistig immer wieder mit ihr beschäftigen müssen – und sei es auch, um zu verdrängen, was eigentlich getan werden sollte. Sicherlich haben Sie schon beobachtet, dass der Geist über so eine Art »automatisches Wiedervorlagesystem« verfügt, das Ihnen unerledigte Aufgaben in schöner Regelmäßigkeit präsentiert, bis Sie sich endlich entschließen, sie zu einem Abschluss zu bringen. Je mehr Unerledigtes in Ihrem inneren Universum herumgeistert, desto belasteter fühlen Sie sich. Im Extremfall kann das bis zu einer völligen Handlungslähmung führen!

Immer haben Sie es im Leben mit einem Wechselspiel der Kräfte zu tun. Auf der einen Seite stehen Sie selbst und Ihre Eigenmotivation, auf der anderen Seite die Gegenkräfte in Form von Störfaktoren und Widersachern. An sich ist dieses Wechselspiel nichts Schlechtes. Im Gegenteil. Wie in jedem Spiel sind die Gegenkräfte Stachel und Ansporn, sie zu überwinden und sich zu verbessern. Das beste Spiel findet dann statt, wenn ein gewisses Gleichgewicht herrscht. Werden die Gegenkräfte zu schwach, wird das Spiel langweilig. Werden sie zu stark, ist es kein Spiel mehr, sondern eine Überwältigung. Am deutlichsten können Sie das natürlich im Sport beobachten: Wer wollte schon im Fußball seinen Lieblings-Profiverein dauernd gegen eine drittklassige Amateurmannschaft spielen und im zweistelligen Bereich gewinnen sehen. Sterbenslangweilig!

Die spannendsten Matches finden gegen gleichstarke oder sogar etwas stärkere Mannschaften statt, gegen die der Verein alle Kräfte mobilisieren und die eigene Leistung womöglich noch steigern muss. Umgekehrt hätten Sie als Anhänger der Amateurmannschaft ebenso wenig Freude daran, wenn Ihre Prenzelberger Freizeitkicker Tag für Tag vom FC Bayern überrannt würde.

Im individuellen Bereich ist es nicht anders. Ein Mensch, der sich zu vielen Gegenkräften ausgesetzt fühlt, verliert irgendwann seine Eigenmotivation und verfällt nach und nach in Apathie. Aber auch ein Individuum, dem alle Hindernisse aus dem Weg geräumt sind, wird deshalb nicht automatisch glücklich. Denken Sie nur an gewisse Stars, deren Träume von Ruhm und Reichtum in Erfüllung gehen und die plötzlich in Drogensucht und Depression abgleiten. Oder an reiche Erben, die besinnungslos ihr Geld verprassen oder es gutgläubig Leuten anvertrauen, die jeder halbwegs normale Mensch sofort als Betrüger entlarven würde.

Auf unbewusster Ebene sehen diese Menschen kein lohnendes Spiel mehr für sich und sorgen daher für Gegenkräfte, um wenigstens auf verirrte Weise wieder ins Spiel zu kommen. Sich ein hindernisfreies Leben zu wünschen, wie es die Werbung vorgaukelt, wäre also ein falsches Ziel. Richtiger ist es, dafür zu sorgen, die eigene Spielfähigkeit sukzessive zu erhöhen, um das, was im Leben auftaucht, frei und ohne Angst handhaben zu können.

Mit unseren Maßnahmen zum Aufbau und Schutz der psychischen Ordnung haben wir Ihnen erste Schritte in diese Richtung gezeigt. Wir sprechen in diesem Zusammenhang gern von einer »Doppelstrategie«, die wir den monokausalen Ansätzen anderer Autoren vorziehen. Normalerweise wird *entweder* auf Motivations- *oder* auf Krisenmanagement gesetzt.

Die Motivationsgurus empfehlen, die Eigenmotivation immer mehr zu stärken, um durch diese Kraft sämtliche Gegenkräfte aus dem Weg zu räumen. Bis zu einem gewissen Grad mag das gut gehen. Da aber die Probleme nicht inhaltlich gelöst werden, schiebt man sie letztlich wie ein Schneepflug vor sich her, der Haufen wird immer größer, bis irgendwann auch der kräftigste Motivationsmotor schlappmacht. Die Verfechter der reinen Lehre des Krisenmanagements auf der anderen Seite behaupten, die Eigenmotivation sei zu vernachlässigen. Um in seinem Leben voranzukommen, reiche es aus, die Kraft der Störfaktoren und Widersacher in viele Einzelkräfte, d. h. in lösbare Aufgaben zu zersplittern und diese dann abzuarbeiten. Dabei übersehen sie, dass man von innen her stark motiviert sein muss, um sich der Vielzahl täglich anfallen der Aufgaben auch tatsächlich dauerhaft zu stellen.

Daher also halten wir es für den besten Weg, beides in einer »Doppelstrategie« zu praktizieren und erstens die Eigenmotivation aufzubauen (fünf Schritte zur psychischen Ordnung) und zweitens die Eigenmotivation vor Gegenkräften zu schützen (fünf Schritte zur emotionalen Befreiung). Zu Ihrer besseren Übersicht, fassen wir beides noch einmal zusammen.

Doppelstrategie	
Aufbau der Eigenmotivation *(fünf Schritte zur Herstellung psychischer Ordnung)*	**Schutz der Eigenmotivation** *(fünf Schritte zur emotionalen Befreiung)*
1. Visionscollage Zeitlich noch nicht begrenzte Vorstellungen zukünftiger »Zustände«	**1. Sammelliste** a) Kopf leer räumen b) gezieltes Erfassen aller erforderlichen Aufgaben
2. Motivcollage Zeitlich begrenzte, mich stark bewegende Vorstellungen von »Zuständen« im Zeitraum von ca. sechs Monaten	**2. Zielsetzung verdeutlichen** »Ich weiß genau, was ich will!«
3. Zielformulierung Nach den Spielregeln der Zielsetzung. Das Ziel wird durch eine Abschlussentscheidung zum festen Entschluss	**3. Unterteilung in Aufgaben, Störfaktoren und Widersacher** »Was stört, behindert oder demotiviert mich?«
4. Brennpunktcollage a) Das zentrale Ziel in Bildern (Wofür?) b) Brennpunktprogramm (1) Zielformulierung (2) Zielbedingungen (3) Erstes Teilziel	**4. H2R-Lösungsstrategie** Umwandlungen von Störfaktoren und Widersachern in Aufgaben unter besonderer Berücksichtigung der Ursachen und der verschiedenen Lösungsmöglichkeiten
5. Wochen- und Monatsplanung Erstellen einer groben Wochenübersicht und eines detaillierten Tagesplans	**5. Übertragen der neuen Aufgaben in die Sammelliste** »Wann tue ich was?«

Nun stellt sich natürlich die Frage, womit Sie zuerst beginnen sollen – mit dem Aufbau der Eigenmotivation oder der Lösung von Störfaktoren und Widersachern.

Die Antwort lautet: Tun sie es gleichzeitig! Das Geheimnis der erfolgreichen Umsetzung der H2R-Doppelstrategie liegt in den Aufgabenbereichen, die wir im Zuge unserer gemeinsamen Arbeit bereits definierten.

Alles, aber auch wirklich alles, was Sie zur gleichzeitigen Umsetzung der Doppelstrategie benötigen, ist schon auf Ihrer Sammelliste erfasst!

Noch mal zur Wiederholung:

Wir definieren Aufgaben dadurch, dass sie (entweder/und)

1. Aufgaben der Zielerreichung

2. Aufgaben der Stabilisierung der Eigenmotivation

3. a) Aufgaben der Befriedigung Ihrer körperlichen und emotionalen Bedürfnisse *oder*

3. b) Aufgaben zur Aufrechterhaltung geordneter Lebensumstände *und schließlich*

4. Aufgaben zur Lösung von Störfaktoren und Widersachern sind.

Die ersten beiden Aufgabenbereiche gelten dem Aufbau einer substantiierten Eigenmotivation, wohingegen der Aufgabenbereich Nummer 3 der Vermeidung neuer

Störfaktoren und der Aufgabenbereich 4 der Lösung bestehender Störfaktoren dient.

Zusammengenommen erfüllen also die Aufgabenbereiche 3 und 4 den Schutz der Eigenmotivation.

Wenn Sie uns bis hierher gefolgt sind, dann können Sie also davon ausgehen, dass Sie bereits alle Aufgaben, die zur Umsetzung der H2R-Doppelstrategie notwendig sind, in Ihrer Sammelliste erfasst haben.

Das Leben ist freundlich!

Lassen Sie uns am Ende des Dritten Tages noch ein paar abschließende Überlegungen anstellen, gehört doch das gemeinsame Nachdenken über menschliche Belange zu den vornehmsten und heute leider weitgehend vernachlässigten Tätigkeiten.

Sie haben sich unter dem Oberbegriff »Krisenmanagement« einen Tag lang damit beschäftigt, Störfaktoren und Widersacher zu erkennen, aufzulösen und künftig möglichst zu vermeiden.

Aber haben Sie sich schon gefragt, welche *Funktion* Krisen in Ihrem Leben überhaupt haben? Zunächst mag diese Frage vielleicht etwas abwegig scheinen. Schließlich erleben Sie Krisen als Störungen, also als etwas Dysfunktionales.

Wenn Sie in eine Krise geraten, wollen Sie so schnell wie möglich wieder heraus. Sie betrachten sie als etwas, was nicht zu Ihrem Leben gehört. Ihr Leben empfinden sie als den Zustand gleich bleibender Normalität, wenn eigentlich alles läuft, »wie es soll«. Die Gesundheit stimmt, beziehungsmäßig ist alles im Lot und der Job spült regelmäßig Geld aufs Konto. Krisen hingegen sind der Einbruch von etwas Feindlichem in die Normalität des Daseins.

Eine Krankheit, Trennung, Kündigung oder ein anderes Ereignis, das sich, wie es Ihnen scheint, von außen kommend gegen Sie und Ihre Bestrebungen richtet.

Krisen, speziell Lebenskrisen als ihre gravierendste Form, sind etwas, was Sie befürchten und abwehren wollen.

Also, welche Funktion kann so etwas Feindliches, Dysfunktionales und Falsches schon haben? Je genauer Sie sich Ihr alltägliches Leben und Handeln betrachten, desto deutlicher werden Sie erkennen, dass eine Krise immer den Höhepunkt einer Fehlentwicklung darstellt, deren Ursprünge weiter zurückliegen.

So gehen einer gesundheitlichen Krise nicht selten falsche Ernährungs- und Lebensgewohnheiten, einer Ehekrise ein Mangel an Nähe, Kommunikation und gemeinsamer Realität sowie einer beruflichen Krise ein Verlust an innerer Identifikation mit der ausgeübten Tätigkeit oder dem beruflichen Umfeld voraus. In allen drei Fällen ist die Krise lediglich der Moment, in dem die Fehlentwicklung beim besten Willen nicht mehr geleugnet werden kann. Der Punkt also, an dem Sie eine grundlegende Entscheidung treffen müssen. Tatsächlich zeigt der Blick ins Wörterbuch, dass das aus dem Griechischen stammende

Wort »krisis« ursprünglich auch genau das bedeutet, nämlich »Entscheidung, entscheidende Wendung«! Im Moment der Krise können Sie zwei Richtungen einschlagen: Entweder Sie erkennen das nunmehr Offensichtliche an und erklären sich zuständig für die Situation, in der Sie sich befinden oder Sie entscheiden sich dafür, die Augen weiterhin zu verschließen. In diesem Fall behaupten Sie, jemand anderes sei schuld an Ihrer Lage: Ihre Frau bzw. Ihr Mann habe Sie betrogen, Ihr Arbeitgeber versagt und die Zigarettenindustrie jahrzehntelang verheimlicht, dass Rauchen ungesund ist. Sie selbst zumindest hätten nichts damit zu tun! In diesem Fall stehen die Zeichen auf Abstieg, da Sie sich mit dieser Entscheidung zum Opfer der Umstände erklärt haben und als solches nichts zu ihrer Verbesserung beitragen können.

Um bei unseren Beispielen zu bleiben, werden Sie Ihre Gesundheit weiterhin ruinieren, sich im Beruf übervorteilen lassen und in der Liebe alles dafür tun, um auch in Zukunft wieder auf die schamloseste Weise betrogen zu werden. Sie kennen doch sicherlich solche Leute, die trotz wechselnder Partner immer dieselben Beziehungsprobleme haben, was sie schließlich zu der Feststellung veranlasst, »die Männer« oder »die Frauen« seien alle gleich. Unsinn!

Der Mangel an Bereitschaft, sich selbst als Ursache seiner Erfahrungen zu sehen, sorgt dafür, dass dieselben Erfahrungen so lange wiederkehren, bis sie endlich bereit sind, ihre Lektion zu lernen.

Wenn wir also nach der Funktion von Krisen fragen, dann kann die Antwort nur lauten, dass sie dazu da sind, um uns wachzurütteln! Krisen haben eine Warnfunktion.

Irgendetwas ist schief gelaufen, weil Sie nicht hinsehen konnten oder wollten. Sie haben es zwar die ganze Zeit über gespürt, aber immer wieder beiseite geschoben. Es sollte nicht sein, was nicht sein durfte. Jetzt ist es offenbar, und Sie stehen vor einer entscheidenden Wende!

So gesehen bietet jede Krise die Chance, die vom Bewusstsein negierten, abgetrennten Teile wieder zu integrieren und das eigene Leben als Ganzes wahrzunehmen. So schmerzhaft es Ihnen im ersten Moment erscheint, sich die Krise einzugestehen, die Urheberschaft dafür zu übernehmen und den unverstellten Blick auf sich selbst zu wagen, so erstaunt werden Sie sein, dass Ihnen gleichzeitig die Kräfte zuwachsen, die Krise zu meistern. Im Zuge unserer Beratertätigkeit beobachten wir immer wieder, dass viele Menschen gerade in Krisensituationen zu einer Offenheit und Durchlässigkeit zurückfinden, die sie verloren hatten, solange alles »gut« lief. Die Schutzwälle, die sie gegen sich und damit ihre Umwelt errichtet hatten, sind gebrochen, und anstatt, wie befürchtet, zerstört, treten sie wundersam verjüngt vor die Welt.

Leider beobachten wir ebenso, dass viele Leute wieder in die Dickfelligkeit alter Verhaltensmuster zurückfallen, sobald die unmittelbare Gefahr gebannt ist und sie sich wieder »sicher« fühlen.

Ein trügerisches Gefühl, denn sie beschwören damit bereits die nächste Krise herauf! Der beste Weg, um Krisen zu vermeiden, ist der, den Dingen immer gleich ins Gesicht zu blicken. Sie darin zu schulen und zu bestärken war der tiefere Sinn unserer »fünf Schritte zur emotionalen Befreiung«. Krisen sind immer die Folge der mangelnden Bereitschaft, das, was tatsächlich los ist, bewusst zu erleben. Je mehr Sie also Ihre Erlebnisbereitschaft steigern, desto seltener kommt es zu Krisen und umso schneller lassen sie sich bewältigen!

Wenn Sie also das nächste Mal in eine Krise geraten sollten, gehen Sie bereitwillig darauf zu und machen Sie sich keine Sorgen.

Sie werden sehen, das Leben ist freundlich!

▶ Vierter Tag – Beziehungsmanagement

Partner, Stofftiere und der ganze Rest

Alles im Leben dreht sich um Beziehungen. Ohne die Beziehung Ihrer Eltern wäre Ihr Eintritt in diese Welt nicht möglich gewesen. Ohne die Beziehung Ihrer Eltern zu Ihnen hätten Sie als Kind nicht überlebt. Und ohne die Beziehungen zu Ihren Mitmenschen könnten Sie sich heute nicht einmal Brötchen kaufen. **Alles ist Beziehung.** Denn als Mensch können Sie gar nicht anders, als sich auf jemanden oder etwas zu beziehen: Sei es Ihr Partner oder Ihre Partnerin, die Kassiererin im Supermarkt, Ihr Chef oder Ihre Mitarbeiter, ein Hund auf der Straße, die Blume auf Ihrem Fensterbrett, Ihre Bücher, Ihr Lieblingsstofftier, Ihr Auto, Ihr Geld, Ihre Vergangenheit und Ihr Wissen und Ihre Verdauung, Ihre Überzeugungen, Ihre Herkunft, Ihr Nationalstolz oder Ihr Stolz auf Ihren Mangel an Nationalstolz usw. Kurz, Sie stehen seit Ihrer Geburt in einem Geflecht von Beziehungen – zwischenmenschlichen Beziehungen, Beziehungen zu Dingen, Beziehungen zu Ideen und Werten usw. – und so hängen Ihr Wohl oder Wehe in starkem Maße davon ab, wie gut Sie ihre Beziehungen im Einzelnen und Ihr Beziehungsgeflecht insgesamt aussortiert haben.

Wenn Sie dies bedenken und sich gleichzeitig darüber klar werden, dass ohne Beziehung tatsächlich *nichts* ist, dann werden Sie sich fragen, wie kommt es, dass wir von klein auf alle möglichen komplizierten Dinge lernen, aber so gut wie nichts über Beziehungen, also nichts darüber, *wie man sich auf die bestmögliche Weise auf jemanden oder etwas bezieht.* Eine gute Frage. Vermutlich liegt es daran, dass der Mensch insgesamt eine Neigung zeigt, sich mit den wesentlichen Dingen immer erst ganz zuletzt zu beschäftigen. Besonders in unserer heutigen, auf die Anhäufung und den Erhalt materieller Güter ausgerichteten Zeit wendet man sich philosophischen Fragen meist nur dann zu, wenn es mit der weiteren Anhäufung nicht mehr so recht klappen will. Dabei ist die Beschäftigung mit solchen Fragen auch für ein langfristiges berufliches Gelingen die eigentliche Voraussetzung. – Erinnern Sie sich an die Erzählungen Ihrer Eltern und Großeltern aus dem Zweiten Weltkrieg? Erst als die Bomben fielen und die Menschen zusammengepfercht in Luftschutzkellern um ihr Überleben bangten, besannen sie sich auf ihre Menschlichkeit, halfen sich in selbstloser Weise gegenseitig und stellten die Rechtmäßigkeit des Krieges leidenschaftlich in Abrede. Bis dahin hatten sie in glühender Verblendung noch ihren Führern zugejubelt und von der Weltherrschaft geträumt. Weiser wäre es gewesen, die Leute hätten sich die wirklich wesentlichen Fragen nicht erst in dem Moment gestellt, als ihnen das Wasser schon bis zum Hals stand. Nur zeigt leider die Menschheit als Ganze seit alters her die fatale Tendenz, immer erst dann mit dem Denken zu beginnen, wenn es nun wirklich nicht mehr anders geht. Wie dem auch sei, Sie zumindest können in Ihrem Leben besser machen, was der Spezies insgesamt nicht zu gelingen scheint! Denn der kluge Mensch wendet die Dinge zum Guten, bevor sie die Chance hatten, sich zum Schlechten zu entwickeln.

Also Beziehungen. Wie schon gesagt, können Menschen Beziehungen zu allen möglichen Dingen entwickeln, und es scheint, als folgten sie unbewusst dem Grundsatz, dass jede Beziehung besser sei als keine, weshalb im Zweifelsfall ein Goldhamster, das Vaterland oder ein empfindlicher Magen herhalten muss. Aber die zentralsten Beziehungen sind natürlich die zwischenmenschlichen. Hier, das heißt an der Fähigkeit, mit anderen Menschen in Beziehung zu treten, sie hören zu können und sich selbst vernehmlich zu machen, Nähe zu erschaffen und zuzulassen sowie notwendige Grenzen zu setzen, entscheiden sich seit jeher Glück oder Unglück des Einzelnen.

Sie haben an sich selbst oft genug erlebt, wie ungemein bereichernd eine gut funktionierende Liebesbeziehung sein kann. Glücklich verliebt, könnten Sie bersten vor Energie! Und ebenfalls aus eigener Erfahrung wissen Sie umgekehrt, dass eine verkorkste, von Leid, Neid und Eifersucht geprägte Partnerschaft Ihren Lebensmut und Ihre sämtlichen Kräfte auf den absoluten Nullpunkt sinken lässt.

Von der Kraft partnerschaftlicher Nähe angetrieben sind Sie einerseits fähig, zum Höhenflug einer großen Karriere anzusetzen, wie Sie andererseits jäh wieder abstürzen können, weil Sie zwar nicht Ihre geschäftlichen Belange, wohl aber Ihre Frau oder Ihren Mann, die Kinder und Ihre Freunde aus dem Blick verloren haben.

Erst gestern erzählte uns eine Ärztin von einer amerikanischen Freundin, die vor gut zwanzig Jahren als arme, aber hoch begabte und fleißige russische Exilantin in die USA kam, um in kürzester Zeit Karriere und erstaunlich viel Geld zu machen. Allerdings zerbrachen darunter ihre persönlichen Bande, so dass sie heute vereinsamt und immer am Rande der Depression in einem viel zu großen Haus auf einem so riesigen Grundstück lebt, dass sie allein fünfzehn Minuten mit dem Auto fahren muss, nur um ihre Post aus dem Briefkasten zu holen. Ein extremes Beispiel, gewiss, aber eines, das zeigt, wie unerlässlich der Faktor Beziehung für eine erfolgreiche Lebensplanung ist.

Wir werden nun Ihre zwischenmenschlichen Beziehungen unter die Lupe nehmen und Ihnen zeigen, wie sie selbst das Fundament für positive, bereichernde Partnerschaften, Freundschaften, aber auch Berufsbeziehungen legen können.

Sind Sie noch auf Kurs?

Immer wieder kann man Leute beobachten, die mit großer Akribie ihr Leben planen. Sie verfolgen zielstrebig eine Karriere. Sie rüsten sich mit einer Vielzahl von Versicherungen für alle Eventualitäten des Schicksals. Sie erfüllen mit Eifer ihre beruflichen Pflichten. Nur ihre Beziehungen überlassen sie weit gehend dem Zufall.

Dahinter steckt oft das unbestimmte Gefühl, Beziehungen seien von sich aus entweder gut oder schlecht, und wenn es zwischen zwei Menschen echt sei, dann müsse es von alleine gehen. Vor allem in der Liebe! Wahre Liebe sei etwas Vorherbestimmtes, das sich ganz plötzlich einfach so und unabänderlich einstelle.

Ein verbreiteter Irrtum. Sicher ist richtig, dass sich egal welche Beziehung leichter beginnen lässt, wenn man sich gegenseitig »gut riechen« kann. So sehr wir auch geistige Wesen sind, so sehr reagiert unser Körper auf bestimmte visuelle, sensorische und olfaktorische Reize. Aber, wie Sie wahrscheinlich schon mehrfach erlebt haben, greifen sich diese Reize früher oder später ab. Der feurigste Liebhaber erscheint Ihnen irgendwann im trübsten Alltagslicht und die rassigste Schöne als unsagbar gewöhnlich – sofern Sie nicht über die Anziehung unmittelbarer Verliebtheit hinaus eine Beziehung definiert haben, die den Namen wirklich verdient.

Übrigens ist auch unser Liebesbegriff keine ewig gültige Wahrheit. Wir haben ihn im Großen und Ganzen den Dichtern der Romantik (1798 bis etwa 1830) zu verdanken, die in ihren Werken das beständige Wallen großer Gefühle zur einzig wahren Liebe verklärten. Teilweise selbst kaum der Jugend entwachsen, nahmen sie sich dafür die emotionalen Ausnahmezustände liebeskranker Teenager zum Vorbild und damit eine Lebensphase, die zwar von großer vitaler Kraft, aber von wenig Einsicht geprägt ist.

Dabei verfolgte das romantische Liebesideal auch einen gesellschaftspolitischen Zweck, indem es sich gegen die auf Machterhalt ausgerichteten Zweckehen der Aristokratie wandte. Es war die Zeit des aufstrebenden Bürgertums, und wie immer, wenn in der Geschichte eine Gesellschaftsschicht der anderen die Vorherrschaft streitig macht, wollte auch das Bürgertum seinen erstarkenden Führungswillen dadurch untermauern, dass es die größere Sittlichkeit und damit die zumindest schon mal moralische Überlegenheit für sich in Anspruch nahm. Im Fall von Liebe und Ehe bedeutete das: keine nüchternen Zweckehen auf der einen und flüchtige frivole Amouren auf der anderen Seite, sondern das Ideal der einen, großen, schicksalhaften Liebe, die schließlich in die Ehe mündet und bis zum Ende eines Lebens ungebrochen hält. So hat unser Liebesideal seinen Ursprung in einer dem Geist einer Epoche entsprungenen Idee, um sich dank seiner Anziehungskraft so tief in unser kollektives Unbewusstes einzugraben, dass wir bis heute wahre Liebe mit romantischer Liebe gleichsetzen! Wir meinen fälschlicher Weise, Liebe sei ein Zustand nicht endender Verliebtheit, und sind überzeugt, leider doch den falschen Partner gewählt zu haben, wenn die Verliebtheit nachlässt.

Aber Verliebtheit hat nichts mit Liebe zu tun. Wirklich liebevolle Beziehungen sind weder romantisch noch sprachlos, sondern existieren nur in dem Maße, in dem sie aktiv erschaffen werden. Und zwar nicht nur einmal ganz am Anfang, sondern immer wieder neu. Dazu bedarf es einerseits einer ständig wachen inneren Bereitschaft und andererseits der Kommunikation.

Ohne Kommunikation gibt es keine Beziehung. Wenn wir also behaupten, dass alles Beziehung sei, müssen wir hinzufügen: Alles ist Kommunikation!

Sie kennen den Satz, dass jeder Mensch sein eigenes Universum ist. Das bedeutet, dass Sie zunächst nur in Ihrer eigenen, abgeschlossenen Welt leben, die aus Gedanken, Erinnerungen, Gefühlen, Werten usw. besteht, welche nur Ihnen selbst unmittelbar bekannt und vertraut sind. Wenn Sie also wollen, dass ein anderer Mensch Sie versteht, müssen Sie ihm mitteilen, wie es in Ihrem Universum aussieht.

Eigentlich logisch. Aber wie oft erwarten Sie von einem Partner, Freund oder Kollegen, dass er/sie von sich aus weiß, was Sie denken, empfinden oder erwarten? Wie oft halten Sie bestimmte Dinge für so selbstverständlich, dass »man« eigentlich gar nicht darüber zu reden braucht?

Viele Missverständnisse, ja Zerwürfnisse, entstehen aus unausgesprochenen Wertekonflikten. Für jeden Menschen sind bestimmte Qualitäten, Werte und Eigenschaften besonders wichtig. So wichtig, dass er von sich aus gar nicht auf die Idee kommt, dass die Gewichtung für sein Gegenüber ganz anders sein könnte. Lassen Sie uns das anhand eines Beispiels demonstrieren.

Stellen Sie sich zwei selbstständige Handelsvertreterinnen aus der Versicherungsbranche vor, die zusammen eine Agentur gründen. Für die eine der beiden, nennen wir sie Hermine (obwohl sie nicht zaubern kann!), ist Pünktlichkeit die oberste Tugend. Entsprechend sitzt sie vereinbarungsgemäß jeden Morgen pünktlich um neun Uhr im Büro.

Für ihre Geschäftspartnerin Lisa ist Pünktlichkeit nicht so wichtig. Bei ihr hat Ehrlichkeit Priorität. Entsprechend sagt Lisa zwar jederzeit, was ihr auf der Seele liegt, trödelt aber morgens gern ein bisschen herum.

Für Hermine wiederum stellt Ehrlichkeit keine unbedingte Notwendigkeit dar. Der Mensch soll pünktlich sein und zuverlässig seine Arbeit tun. Darüber hinaus legt Hermine Wert auf eine gewisse Diskretion und vornehme Zurückhaltung. Was wäre schon gewonnen, wenn sie Lisa nach einer langen Nacht ganz ehrlich sagen würde, dass sie mal wieder aussieht wie eine zerdrückte Leberwurstpelle!?

Aber zu Hermines Vorstellung von Zurückhaltung gehört auch, dass sie ihren Ärger über Lisas permanentes Zuspätkommen eine ganze Weile für sich behält. Nur hier und da erlaubt sie sich kleine Bemerkungen, die allerdings zunehmend spitzer werden.

Irgendwann wird es Lisa zu bunt. »Sag mal«, fährt sie Hermine an, »was meckerst du eigentlich dauernd an mir herum?«

Worauf wiederum Hermine der Kragen platzt: »Was heißt hier an dir rummeckern? Wir arbeiten jetzt schon ein halbes Jahr zusammen, und du bist noch nicht *einmal* pünktlich im Büro gewesen! Langsam reichts mir!« »Sag mal, spinnst du«, gibt Lisa zurück, »ich war immer ehrlich zu dir. Du weißt genau, woran du mit mir bist. Das ist das Wichtigste, was man von einem anderen Menschen erwarten kann, und du stellst dich wegen lächerlicher zehn Minuten an, die ich hier und da mal zu spät komme?!« – Aufgrund der aufgestauten Gefühle ergibt ein Wort das andere, eine giftige Reaktion führt zur nächsten, und ehe die beiden es sich versehen, sind aus Hermine und Lisa ehemalige Partnerinnen geworden ...

Beziehungskonflikte entstehen also nicht selten auf der Basis von Wertekonflikten, die uns häufig nicht bewusst sind. Wie kann man aber einen Konflikt lösen, der im Unbewussten verborgen ist?

Tatsache ist, dass sich ein Mensch, der sein eigenes Wertesystem im Gegenüber nicht repräsentiert sieht, gering geschätzt, also nicht ernst genommen fühlt und in der Folge verletzt reagiert.

Um solche (und schlimmere) Situationen zu vermeiden oder, falls sie auftauchen, zur Zufriedenheit aller zu klären, sollten Sie sich über Ihre Beziehungen ein paar systematische Gedanken machen.

Wir nennen sie »Kursgedanken«, da sie die Fragen beantworten, welchen Kurs eine Beziehung Ihrer Meinung nach nehmen sollte bzw. ob sie noch auf diesem Kurs ist. Für viele Leute sind die Kursgedanken in mehrerer Hinsicht ungewöhnlich. Wie schon gesagt, gehört das Bewusstsein, dass und wie man Beziehungen gestalten kann, bei uns nicht unbedingt zur Allgemeinbildung. Deshalb könnte es sein, dass Sie sich am Anfang ein wenig unwohl dabei fühlen, Ihre verschiedenen Beziehungen so genau zu betrachten. Vielleicht kommt es Ihnen so vor, als übten Sie Verrat dadurch, dass Sie gewissermaßen »hinter dem Rücken« etwa einer Freundin über sie nachdächten, um sie hinterher »auf Kurs« zu bringen oder zu halten. »Das wäre doch«, mögen Sie denken, »schamlose Manipulation!«

Nun, genau das ist es nicht. Ganz im Gegenteil. Warum gerade der Versuch der Manipulation in egal welcher Beziehung die glatte Umkehrung echter Kursgedanken ist, darauf werden wir noch eingehend zu sprechen kommen.

Ich weiß genau was ich will! – (schon wieder)

Der erste Kursgedanke führt uns erneut an den Anfang unserer gemeinsamen Arbeit zurück. Wie Sie sich erinnern, ging es zunächst vornehmlich darum, durch die Methoden der Zielfindung und Zielsetzung einen Zustand der psychischen Ordnung herzustellen, jenen Zustand also, in dem Sie sagen können: »Ich weiß genau, was ich will!« Diesen Zustand zu pflegen und zu erhalten ist Sinn und Zweck der Tagesroutine, die wir Ihnen ans Herz legten.

Hinaus aus der Rille des Alltags und hinein in die Rolle des Gestalters! (Was macht eigentlich Ihr inneres Eselchen?)

Dass sich Zielklarheit und psychische Ordnung auch auf die Auswahl und Gestaltung Ihrer Beziehungen auswirken, haben wir bislang nicht erwähnt. Aber es liegt auf der Hand.

Wer über sich und seine Ziele nicht Bescheid weiß, neigt stärker dazu, sich auf konfliktreiche Beziehungen einzulassen als jemand, der sich Klarheit geschaffen hat. Als Mensch funktionieren Sie ein wenig wie ein Funkgerät: Sie können nur diejenigen Personen empfangen, die auf derselben Frequenz senden wie Sie! Wenn Sie also Verwirrung und Durcheinander ausstrahlen, werden Sie entsprechend verwirrte Leute anziehen. Klare, bestimmte Persönlichkeiten werden Sie hingegen als unangenehm empfinden wie diese umgekehrt Sie meiden werden – falls diese Leute nicht versuchen, Ihnen durch ein »Kursgespräch« ein wenig auf die Sprünge zu helfen. Was das ist und wie es funktioniert, werden wir im Anschluss noch erläutern.

Um keine Missverständnisse aufkommen zu lassen, wollen wir aber noch einmal betonen, dass Sie selbst dafür zuständig sind, auf welcher Frequenz Sie »senden«! Ihre »Ausstrahlung« auf andere Menschen ist nicht gottgegeben, sondern das Ergebnis Ihrer Gedanken und Gefühle. Egal in welchem Zustand Sie sich zurzeit befinden, Sie können entsprechend der Intensität, mit der Sie Ihre innere Arbeit verfolgen, sich selbst und damit das, was von Ihnen ausgeht, immer weiter verbessern – was wiederum die Welt, die Sie erleben, zum Positiven verändert. Um also Ihre innere Arbeit systematisch und ergebnisorientiert zu verfolgen, sollten Sie sich an dieser Stelle zunächst noch einmal vergewissern, dass Ihre psychische Ordnung stabil ist und Ihnen Ihre Zielvorstellungen gegenwärtig sind.

Falls darüber Unsicherheit besteht, gehen Sie ruhig noch einmal Ihre früheren Notizen durch, um sich die Zusammenhänge wieder in Erinnerung zu rufen.

Glauben Sie bitte nicht, Sie müssten alles sofort verstehen und umsetzen können. Manchmal muss man selbst einfache Übungen sehr oft wiederholen, bis sie sitzen. Wer jemals ein Instrument gelernt hat, weiß, wovon wir sprechen.

Energiespiele

Sobald Sie genau wissen, was Sie wollen, können Sie sich der Frage zuwenden, welchen Beziehungen Sie wie viel Energie zukommen lassen wollen. Als Mensch haben Sie immer nur eine gewisse Menge an Energie zur Verfügung.

Diese Energie können Sie wahllos verschleudern oder bewusst in die Beziehung zu Menschen investieren, die Ihnen wohl gesonnen sind und Ihnen gut tun.

(Nebenbei gesagt, ist damit nicht gemeint, dass diese Menschen Ihnen deshalb zum Munde reden. Menschen bzw. Beziehungen, die Ihnen gut tun, sind solche, die zu Ihrem Wachstum beitragen. Und das kann manchmal auch darauf hinauslaufen, dass Ihnen diese Menschen mit unangenehmen Wahrheiten ganz schön auf den Wecker fallen!) Sofern Sie sich noch nicht mit dem Thema auseinandergesetzt und ein paar bewusste Entscheidungen getroffen haben, sieht es bislang wahrscheinlich so bei Ihnen aus, dass die meiste Energie in problematischen Beziehungen versackt, während Sie die unproblematischen für gegeben nehmen – frei nach dem Motto: Damit muss ich mich nicht beschäftigen, das läuft ja!

Falls dem so ist, geht es Ihnen wie dem wahrscheinlich größten Teil Ihrer Mitbürger. In unseren Seminaren fällt vielen Teilnehmern zu ihrem eigenen Erschrecken erstmals auf, dass schwierige und bedrückende Beziehungen den größten Teil ihrer Aufmerksamkeit binden, während sie leichte und unproblematische Beziehungen oftmals so lange sich selbst überlassen, bis auch diese langsam kippen und ebenfalls zu einem Problem werden.

Wie dem auch sei, wir wollen Ihnen an dieser Stelle die Möglichkeit geben, Ihr Beziehungsumfeld einmal gründlich zu durchleuchten. Auf diese Weise können Sie sich einen Überblick verschaffen und im Anschluss jene bewussten Entscheidungen treffen, von denen wir eben sprachen. Nehmen Sie bitte wieder etwas zum Schreiben zur Hand und beantworten Sie nacheinander folgende Fragen:

1. Welche ethischen und charakterlichen Werte sind für eine Beziehung zu anderen Menschen für mich unbedingt notwendig?

Bitte schreiben Sie zunächst alle Werte und Eigenschaften auf, die Ihnen einfallen. Denken Sie dabei ruhig auch einmal an die besten Beziehungen, die Sie in Ihrem Leben haben oder hatten: Wodurch zeichneten sich diese Beziehungen aus? Wenn Sie mit Ihrer Liste fertig sind, markieren Sie bitte die drei Werte, die Ihnen am wichtigsten sind.

2. Zu welchen Menschen meines Umfeldes unterhalte ich derzeit energetisch relevante Beziehungen?
Zeichnen Sie ein Beziehungsdiagramm wie das Folgende: Tragen Sie in dieses Diagramm alle Beziehungen ein, die Sie Zeit und Energie kosten bzw. Ihnen Zeit und Energie geben.

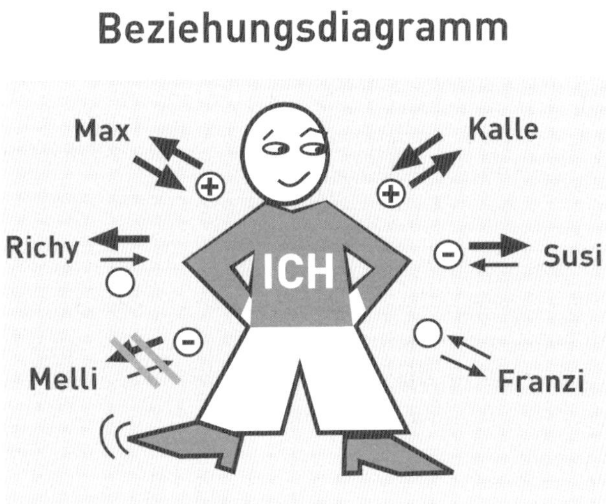

3. Ist mit den Menschen, die Sie in Ihr Beziehungsdiagramm eingetragen haben, das Verhältnis von Geben und Nehmen ausgewogen?
Wie fühlen Sie sich, wenn Sie an diese Menschen denken? Welche Beziehungen sind im Gleichgewicht? Wo nehmen Sie zu viel und geben zu wenig? Wo haben Sie umgekehrt das Gefühl, »ausgesaugt« zu werden? (Ja, wirklich, manche Menschen sind wie ein schwarzes Loch, egal was Sie hineintun, es verschwindet einfach auf Nimmerwiedersehen!)

Bei dieser Betrachtung handelt es sich freilich nur um eine Momentaufnahme. Das Beziehungsdiagramm spiegelt Ihre momentane Beziehungsrealität wider, die sich in einigen Tagen bereits wieder verändert haben kann. Aber genau darum geht es. Eine Beziehung können Sie immer nur JETZT, also in der Gegenwart gestalten.

4. Wie viel Energie will ich bei meinen jeweiligen Beziehungen in Zukunft aufwenden?

Bei manchen Beziehungen werden Sie das Bedürfnis haben, mehr Zeit und Aufmerksamkeit zu investieren, bei manchen wollen Sie sich zukünftig vielleicht etwas zurücknehmen.

Und bei anderen wiederum werden Sie unter Umständen feststellen, dass alles so bleiben kann, wie es ist. Verdeutlichen Sie Ihre jeweiligen Entscheidungen optisch auf Ihrem Beziehungsdiagramm, indem Sie jeder Beziehung entweder ein Plus- oder Minuszeichen oder ein Häkchen hinzufügen.

Wenn Sie übrigens Ihr Leben betrachten, werden Sie feststellen, dass die wertvollsten Beziehungen, also diejenigen, die Ihr Wachstum am meisten fördern, diejenigen sind, die Sie mit sehr andersartigen Menschen führen. Vor allem, wenn es Ihnen gelingt, in der *Andersartigkeit* die *Gleichwertigkeit* zu erkennen. Die Andersartigkeit Ihrer Beziehungspartner – gleich ob es sich um Verwandte, Freunde oder Kollegen handelt – erweitert das Spektrum Ihres Erlebens um die Dimensionen neuer Gesichtspunkte. Der Mensch ist immer so groß wie die Zahl der Gesichtspunkte, die er einnehmen und betrachten kann.

»Wer mich liebt, fühlt, was ich möchte!«

Aus irgendwelchen mysteriösen Gründen gehen gerade in Liebesbeziehungen viele Menschen davon aus, der andere müsse, wenn er wirklich liebt, intuitiv wissen, was der Partner in seinem Innersten empfindet. Vor kurzem sagte uns eine Frau, sie sei noch nie einem Mann begegnet, der sie wirklich liebe und verstehe. Auf die Frage, ob sie sich denn jemals klar über sich geäußert habe, erwiderte sie. »Das muss ich nicht. Wer mich liebt, fühlt, was ich möchte!«

Dahinter steckt die sicher sehr menschliche Sehnsucht nach völliger Verschmelzung mit dem Partner, der unbewusste Wunsch nach Auflösung der Ich-Grenzen und damit nach Erlösung von der Last des Ich-Seins. Wie gesagt, eine sehr menschliche Sehnsucht, aber auch eine, die fatale Auswirkungen hat, wenn man ihr aufsitzt. Denn glauben Sie uns, es klappt nicht! Egal wie groß die Liebe ist, hellseherische Fähigkeiten verleiht sie nur in den seltensten Fällen. Wenn Sie also wollen, dass Ihr Partner Sie versteht, dann sagen Sie ihm bzw. ihr, wie es in Ihnen aussieht.

Je besser Sie das selbst wissen und vermitteln, desto größer ist die Chance, dass Sie mit Ihrem Anliegen gehört und verstanden werden.

Das gilt im Übrigen nicht nur für Liebesbeziehungen, sondern auch für Freundschaften, Geschäfts- und Berufskontakte, kurz für alle zwischenmenschlichen Begegnungen, die es in Ihrem Leben gibt. Werden Sie sich klar, was Sie von einem anderen Menschen erwarten und sagen Sie es ihm.

Was das im Detail ist, hängt natürlich von der Art der jeweiligen Beziehung ab. Üben Sie das ruhig ein bisschen!

Nehmen Sie sich dafür noch einmal Ihr Beziehungsdiagramm vor und beantworten Sie für die Beziehung, die Ihnen momentan am wichtigsten ist, die folgenden Fragen:

1. Wie will ich diese Beziehung in Zukunft führen?
Was erwarten Sie von dieser Person bzw. von dieser Beziehung? Bitte schreiben Sie Ihre Vorstellungen und Erwartungen so konkret wie möglich auf!

2. Habe ich meine Erwartungen schon einmal klar zum Ausdruck gebracht oder ist es erforderlich, sie (noch einmal) ausführlich darzulegen?
Seien Sie bei der Beantwortung dieser Fragen besonders aufmerksam und ehrlich mit sich selbst. Oftmals besteht eine Scheu, seine Erwartungen offen zu äußern, da man Angst hat, der/die andere könne etwas anderes denken und empfinden und die Aufklärung dieser Tatsache könne die Beziehung trüben. Eine ziemlich unsinnige Angst, da nicht die Aufklärung, sondern die Vertuschung von Unstimmigkeiten für Störungen sorgt. Was offen daliegt, kann auch offen betrachtet und gestaltet werden! Machen Sie sich das bewusst und beantworten Sie zum Abschluss Ihrer Kursgedanken noch die letzte Frage:

3. Fühle ich mich rundherum gut bei der Entscheidung, dem anderen meine konkreten Gedanken mitzuteilen?
So wie Sie diese Fragen exemplarisch für Ihre momentan wichtigste Beziehung behandelt haben, können Sie sie letztlich für jede Ihrer Beziehungen beantworten. Sie wer-

den feststellen, dass Sie damit über ein wunderbares Instrument verfügen, um Ihre Beziehungen zukünftig nicht mehr dem Zufall oder der Willkür unausgegorener Gefühle zu überlassen, sondern aktiv zu gestalten. Aber bevor Sie sich jetzt auf den Weg zu Ihrem Partner machen, warten Sie noch einen Augenblick, denn noch haben Sie nicht alle Werkzeuge beisammen.

Bislang haben Sie sich nur mit den Kurs*gedanken* für Beziehungen beschäftigt. Um aber erfolgreich gestalten zu können, brauchen Sie noch ein paar Informationen über das so genannte Kurs*gespräch!*

Verwechslungsgefahr!

Wie Sie zweifellos bemerkt haben, ging es bislang nur um eine Seite der Medaille: nämlich um Ihre! Was sind *Ihre* Ziele? Wo wollen *Sie* mit Ihrem Leben im Allgemeinen und mit Ihren Beziehungen im Besonderen hin? Was sind *Ihre* Erwartungen gegenüber dem jeweils Anderen? Damit verfügen Sie zwar über eine exzellente Grundlage, um auf jede Beziehung gestaltend zuzugehen. Aber Vorsicht!

Vergessen Sie nie, dass der andere Mensch *wie Sie* ein freies Wesen mit eigenen Zielen, Wünschen, Vorstellungen und Erwartungen ist. Verwechseln sie nicht Ihr Universum mit dem seinen, und vor allem: Verwechseln Sie nicht Ihr Bild, das Sie sich vom anderen gemacht haben, mit diesem selbst!

Woran liegt Ihnen im Umgang gerade mit einem geliebten Menschen am meisten? Nun, wir unterstellen, dass Sie von ihm gesehen, gehört, wahrgenommen werden möchten, wie Sie *wirklich* sind.

Sie können es nicht ausstehen, wenn Ihr Partner oder Ihre Partnerin Sie mit seiner Mutter/ihrem Vater oder einem verflossenen Beziehungspartner verwechselt! Sie hassen es zutiefst, wenn Sie permanent wieder auf diese eine bestimmte Szene von vor drei Monaten festgenagelt werden, die für Sie im Grunde gar nicht mehr relevant ist, weil Sie sich längst weiterentwickelt haben!

Kurz, Sie wollen *als Sie selbst* erkannt werden. Glauben Sie uns, Ihrem Partner geht das ganz genauso.

Da Sie jedoch als Mensch nun mal »in Ihrer Haut stecken«, besteht unterschwellig permanente Verwechslungsgefahr, d. h. die Gefahr, dass Sie den anderen eben für das Bild halten, das Sie sich von ihm gemacht haben. Sich ein Bild zu machen, ist eine Sache, die so schnell und so automatisch abläuft, dass Sie es meistens gar nicht bemerken. Eine sehr schöne und ebenso kluge Frau sagte einmal zu uns: »Manchmal empfinde ich mein Aussehen wirklich als Last. Jeder Mann, den ich treffe, sieht in mir nur so ein seltsames Klischee, das mit mir nicht das Geringste zu tun hat. Wer *ich* bin, scheint nicht zu interessieren!« Und umgekehrt, meinte unlängst eine andere Frau: »Ich dachte, ich hätte meinen Traumprinzen gefunden. Aber kaum waren wir verheiratet, saß nur noch ein dicker, unansehnlicher Frosch in der gemeinsamen Wohnung!«

Diese Frau war beleidigt, dass Ihr Mann nicht dem Bild entsprach, das Sie von ihm im Kopf hatte. Ohne die richtige Kommunikation kommen Sie daher nicht weiter. Sie sitzen früher oder später den Bildern auf, die Sie über andere im Kopf haben!

Was Sie selbst wollen, haben Sie im Zuge der Kursgedanken herausgefunden. Sie können es genau auf den Punkt bringen.

Nun sollten Sie sich die Zeit nehmen, um etwas über die Welt des anderen zu erfahren. Zunächst sollten Sie Ihrem Gesprächspartner die Chance geben, seine Position darzustellen, und seine Aussagen dabei mit klaren, offenen Fragen unterstützen.

1. Zielvorstellung

Um verstehen zu können, was der andere wirklich will, sollten Sie ihn zunächst nach seinen Zielen befragen. Falls Sie es nicht schon längst getan haben, könnten Sie z. B. Ihren Lebenspartner fragen, wohin er oder sie mit seinem/ihrem Leben noch möchte oder ganz speziell was die Ziele für die gemeinsame Beziehung sind. Und wenn Sie es mitgeteilt bekommen, fragen Sie Ihren Partner, warum er dieses Ziel gewählt hat und was ihn daran motiviert.

Abgewandelt können Sie diese Fragen auch jedem anderen Menschen stellen. Etwa Ihren Chef oder Auftraggeber: »Was sind Ihre Ziele für unsere Firma/für dieses bestimmte Projekt? Ah, das ist interessant! Wie sind Sie gerade auf diese Ziele gekommen?«

Anfangs mag es gewisse Anlaufschwierigkeiten geben, aber Sie werden sehen, jeder erzählt gern von sich und fühlt sich wohl, wenn er/sie in offener Atmosphäre über seine Ziele sprechen kann. Sie wiederum sollten einfach nur zuhören, ab und zu eine Verständnisfrage stellen (»Was genau motiviert dich an diesen Zielen?« »Das habe ich noch nicht verstanden. Kannst du es mir bitte noch einmal von einer anderen Seite erklären, so dass ich es verstehen kann?«) und schließlich Ihrem Gegenüber bestätigen, dass Sie gehört, akzeptiert und verstanden haben. Vermeiden Sie es unbedingt, das Gesagte zu kommentieren oder zu bewerten.

Wie Sie von sich selbst wissen, reagieren Menschen sehr empfindlich auf Bewertungen, was dazu führt, dass das aufkeimende Pflänzchen eines vertrauensvollen Gesprächs schnell wieder welkt. Das gilt übrigens besonders für langjährige Liebesbeziehungen, wo die Partner vom jeweils anderen bestimmte Urteile und Verhaltensweisen mit einer gewissen unterschwelligen Resignation regelrecht erwarten, um im entsprechenden Moment sofort wieder abzuschalten.

Hier ist es besonders wichtig, dass Sie den Versuch wagen herauszufinden, wie es in der Welt des anderen aussieht. Wenn es gelingt, können Wunder geschehen! Abhängig von der Situation, können Sie das für das gemeinsame Fortkommen relevante Ziel zum Abschluss schriftlich festhalten. Das gilt natürlich nur für Gespräche, bei denen es um konkrete Dinge geht – etwa berufliche Fragen oder wenn sich in Partnerschaften unerwünschte Verhaltensweisen eingeschliffen haben und nun für das zukünftige Zusammenleben gewisse Spielregeln vereinbart werden sollen.

Auf alle Fälle aber bringt das schriftliche Fixieren mehrfachen Nutzen: Es zwingt dazu, eine Sache wirklich auf den

Punkt zu bringen, es beugt späteren Missverständnissen vor und es schafft das positive Gefühl, gemeinsam ein Gesprächsergebnis erzielt zu haben!

2. Aufgaben

Um zu ergründen, wie ernst Ihr Gesprächspartner es mit seinen Zielen meint, sollten Sie im nächsten Schritt herausfinden, welche Aufgaben er zu übernehmen bereit ist, um sein eben formuliertes Ziel zu verwirklichen. So könnten Sie etwa fragen: Welche Aktivitäten sind dafür erforderlich? Was müssen Sie/musst du tun, um Ihr/dein Ziel zu erreichen? Warum? Sind Sie/bist du bereit, diese Aufgaben eigenverantwortlich zu übernehmen? Kann ich mich voll darauf verlassen? Lassen Sie/lass uns diese Aufgaben schriftlich fixieren!

Es versteht sich von selbst, dass unsere Modellfragen nur als Anregungen gemeint sind, um das Prinzip zu verdeutlichen. Nichts ist schlimmer als jemand, der frisch von einem Seminar oder Training nach Hause kommt und seinen Partner mit standardisierten, psychologischen Fragen malträtiert. Also: Gehen Sie spielerisch und kreativ mit unseren Anregungen um.

3. Erwartungen

Nachdem Sie Ziele und Aufgaben Ihres Gesprächspartners geklärt haben, fragen Sie ihn noch, was er von Ihnen erwartet.

Für viele Menschen ist das eine sehr unerwartete Frage. Zwar erwartet jeder etwas vom anderen, aber in den seltensten Fällen ist einem die eigene Erwartung unmittelbar bewusst. Daher kann es gut sein, dass Ihrem Gegenüber erst einmal nichts dazu einfällt.

Geben Sie ihm oder ihr Zeit! Die konkrete Erwartungshaltung eines anderen zu kennen, hilft Ihnen, sich in der Beziehung zu orientieren und sie positiv zu gestalten – oder im Zweifelsfall sagen zu können, dass Sie nicht bereit oder nicht in der Lage sind, diese Erwartung einzulösen. Auch dies ist für ein Gelingen von Beziehungen wichtig!

Auch die Erwartungshaltung des anderen sollten Sie notieren. Auf diese Weise können Sie ihn zu einem späteren Zeitpunkt daran erinnern, auf welcher Basis Sie agieren.

Im Anschluss an die Ausführungen Ihres Gesprächspartners sind nun Sie an der Reihe, Farbe zu bekennen – und zwar in derselben Reihenfolge: Ihre Ziele, die Aufgaben, die zu übernehmen Sie bereit sind, und die Erwartungen, die Sie an den anderen richten. Hier ist es äußerst wichtig, dass Sie Ihren Partner mit Ihren Äußerungen nicht vom Tisch fegen, sondern Ihre Gedanken gleichberechtigt neben die seinen stellen. In einem Seminar erzählte uns ein Teilnehmer von seinem früheren Chef, der seine Mitarbeitergespräche nach einem ähnlichen Strickmuster führte: Nun erzählen Sie doch mal von Ihren Zielen, Aufgaben und Erwartungen. Sobald sich der Mitarbeiter ausgesprochen hatte, änderte sich die Strategie allerdings gewaltig, und der Chef sagte: »Schön, und nun erzähle ich Ihnen mal, was meine Ziele sind und was ich von Ihnen erwarte und wie es von nun an gemacht wird!«

Die Schilfrohrbieger

Haben Sie an einem See schon mal beobachtet, wie sich das Schilf nach der Sonne richtet? Und haben Sie auch schon einmal versucht, dem Schilf eine andere Ausrichtung zu geben, indem Sie es sanft zur Seite biegen? Das bereitet keine weiteren Schwierigkeiten, denn Schilf ist dünn und beweglich; doch sobald Sie es wieder loslassen, geschieht das Unvermeidliche: Es richtet sich nach der Sonne und kehrt damit in seine Ausgangslage zurück! Um es dauerhaft in die von Ihnen gewünschte Lage zu bringen, müssten Sie es knicken – und damit abtöten.

Mit Menschen verhält es sich nicht viel anders. Jeder richtet sich automatisch nach seiner Sonne, d. h. nach den ihm innewohnenden Zielen. Zwar kann man versuchen, jemanden durch Druck und Manipulation von diesen Zielen abzubringen, doch sobald der Druck nachlässt, kehrt er automatisch zu seinen eigenen Zielen zurück.

Um Menschen dauerhaft fremden Zielen zu unterwerfen, müsste man sie ebenso brechen wie das Schilf – und das kann sich ernsthaft nur ein zutiefst kranker Geist wünschen! Die meisten Menschen, die manipulative Absichten verfolgen, tun das entweder aus einem wie auch immer unbewussten Gefühl der Schwäche heraus oder in der irrigen Annahme, für den oder die anderen nur das Beste zu wollen.

Vor einiger Zeit erzählte uns ein Seminarteilnehmer, ein Herr mit solidem Beruf und gutem Einkommen, von seiner 16-jährigen Tochter, die sich in den Kopf gesetzt hatte, Schauspielerin zu werden.

»Ich versuche dauernd, sie davon abzubringen und ihr klar zu machen, was für eine windige, unsichere Sache das ist. Aber je mehr ich mich darum bemühe, desto hartnäckiger besteht sie auf ihrer Idee!« Als wir ihn fragten, ob er schon einmal herauszufinden versucht habe, was seine Tochter denn so an der Schauspielerei fasziniere, reagierte er erstaunt: »Nein, wieso sollte ich? Das ist doch alles bloß so eine dumme Idee, weil sie für Hollywoodstars schwärmt!« »Sehen Sie«, erwiderten wir, »genau darum geht es! Sie haben ein Bild im Kopf, auf dessen Grundlage Sie handeln. Fragen Sie doch stattdessen einmal Ihre Tochter, wie sie die Dinge sieht! Interessieren Sie sich für ihre Welt und fragen Sie sie beispielsweise, ob sie Theater oder Film vorzieht und warum. Fragen Sie Ihre Tochter nach ihren Zielen, fragen Sie nach den Schritten, die sie unternehmen muss, um diesen Zielen näher zu kommen. Und fragen Sie Ihre Tochter, was sie eigentlich von Ihnen erwartet. Auf diese Weise schaffen sie eine gemeinsame Realität und damit die Grundlage dafür, dass sich Ihre Tochter öffnen kann, um sich auch Ihre Seite anzuhören!«

Falls der Vater seine Tochter tatsächlich mit einer Haltung gleichberechtigten Interesses angesprochen und angehört hat, kann man davon ausgehen, dass sich zwischen den beiden ein Vertrauensverhältnis entwickelt, das heilsam wirkt und beider Interessen voranbringt.

Was hier für den privaten Bereich demonstriert wurde, gilt übrigens im selben Maße für berufliche Beziehungen. Ein Chef, der nur möchte, dass seine Mitarbeiter nach seiner Pfeife tanzen, muss selbst eine permanente, anstrengende Kür aufs Firmenparkett legen, damit keiner aus der Reihe tanzt. Ein aussichtsloses Unterfangen, das auf allen Seiten für dauerhaften Stress und damit für Bedingungen sorgt, die zwar vielleicht nicht äußerlichen Erfolg, aber das Erlebnis glücklichen Gelingens verhindern.

Um es noch einmal zu sagen: Ein Mensch verhält sich immer gemäß seiner Zielvorstellungen. Wenn Sie also verstanden haben, was jemand will, umso besser verstehen Sie sein Verhalten.

Je unklarer die Zielvorstellungen sind, desto unklarer agiert er auch. Wie es um die Ziele eines anderen bestellt ist, finden Sie am besten durch offene Fragen und aktives Zuhören heraus.

Eine alte Verkäuferregel lautet: »Wer fragt, der führt!« Nutzen Sie diese Form der Führung auf konstruktive Weise, und versuchen Sie zunächst herauszufinden, was der andere will, ohne seine Welt dabei in Frage zu stellen.

Wenn Sie nun als Chef bestimmte Ziele verfolgen, die dem Wohl des Unternehmens und damit auch dem der Mitarbeiter dienen, dann ist unser Kursgespräch ein ausgezeichnetes Werkzeug. In jedem Gespräch geht es einerseits darum, Vorstellungen, also »Welten« abzugleichen, d. h. die Schnittmenge gemeinsamer Vorstellungen zu definieren. Gleichzeitig ist es aber auch so, dass sich der andere unweigerlich auf Sie zubewegt, wenn er Ihre Ziele als klar und anziehend erlebt – was immer dann der Fall ist, wenn Sie sich in psychischer Ordnung befinden. Ein Ziel, das in Ihnen voll verankert ist, wirkt wie auf andere Menschen wie ein Magnet.

Ebenso wichtig – wenn nicht sogar noch wichtiger – ist Ihr Handeln. Eine Freundin erzählte uns neulich von Ihrer Mutter, die sie als Kind regelmäßig mit den Worten zurechtwies: »Schau nicht auf das, was ich tue, sondern hör auf das, was ich sage!« – Unschwer zu erraten, dass die Tochter eben das nicht tat. Schon als kleines Mädchen hatte sie erkannt, dass mit der Mutter nicht zu rechnen sei, wenn es darauf ankam. Umgekehrt hätte die Mutter eine große Anziehungskraft auf ihre Tochter entwickeln können, wenn sie ihre Ziele, Aufgaben, Werte und Tugenden nicht nur definiert, sondern auch tatsächlich umgesetzt hätte!

Um also als Führungskraft Mitarbeiter für Ihre Ziele zu begeistern, sollten Sie auf größtmögliche Kohärenz zwischen Worten und Taten achten. Wenn Sie aus einer solchen Haltung psychischer Ordnung und persönlicher Integrität auf Ihre Belegschaft zugehen, können Sie sicher sein, dass Sie mit Ihren Erwartungen auf offene Ohren stoßen!

Fünfter Tag – Selbstmanagement

Unterscheidung ist alles!

Im Laufe dieses Buches lernten Sie eine ganze Reihe von Werkzeugen kennen, mit deren Hilfe Sie Klarheit und Ordnung in Ihr Leben bringen können. Zunächst machten Sie sich mit einigen grundsätzlichen Funktionen des Geistes vertraut, um sich anschließend die drei essentiellen Fragen zu stellen: Was bewegt mich? Wovon träume ich? Wohin will ich? Mit anderen Worten ging es dabei um Ihre Beweggründe (Motive), Ihre Visionen und Ihre Ziele, die Sie sich anhand von Collagenarbeit, dem Prozess der Zielsetzung sowie dem Brennpunktprogramm vergegenwärtigten und dabei in fünf einfachen Schritten Ihre psychische Ordnung etablierten. Danach stellten Sie sich die Frage nach Störfaktoren und Widersachern, um sich in wiederum fünf Schritten um den Schutz der psychischen Ordnung und damit Ihrer Eigenmotivation zu kümmern. Und schließlich analysierten Sie Ihr Beziehungsumfeld und machten sich mit Möglichkeiten der offenen Kommunikation vertraut, um durch ein verändertes Sprechen und Zuhören den Kurs, den Ihre privaten wie beruflichen Beziehungen nehmen, nicht länger dem Zufall zu überlassen. Am fünften und letzten Tag können Sie noch einen Schritt weitergehen und sich auf einer vertieften Ebene mit der wichtigsten Beziehung Ihres Lebens beschäftigen – der Beziehung zu sich selbst!

Doch bevor wir uns dem eigentlichen Thema zuwenden, wollen wir klären, wie wir »Selbstmanagement« verstanden wissen wollen.

Da der Begriff des »Selbst« im allgemeinen Sprachgebrauch nicht klar umrissen ist, erklärt sich das Wort

»Selbstmanagement« im Gegensatz zu »Krisenmanagement« oder »Beziehungsmanagement« nicht von allein und wird von verschiedenen Autoren unterschiedlich verwendet. Lassen Sie uns also etwas weiter ausholen.

Gleich zu Anfang dieses Buches definierten wir, was wir unter »Selbst« verstehen: Das, wohinter Sie nicht mehr zurücktreten können!

Auf den ersten Blick mochte das etwas verwirrend erscheinen. Schließlich waren Sie es gewohnt, sich mit all dem zu identifizieren, was Sie nach dieser Definition als Selbst nicht sind: Ihre Gedanken und Gefühle, Ihre Erinnerungen und Identifikationen, Ihre Vorstellungen und Meinungen, Ihre Herkunft und ihr sozialer Status, kurz all das, was man als Ihre Geschichte oder mit einem philosophischen Begriff als Ihr »Gewordensein« bezeichnen könnte. Aber wenn wir sagten, Sie seien all dies nicht, plädierten wir, wie Sie längst herausgefunden haben, nicht gleichzeitig dafür, Ihre Gedanken und Gefühle usw. fortan zu verleugnen.

Im Gegenteil. Um geistig zu wachsen müssen Sie, wie mehrfach betont, immer wieder überprüfen, wo Sie in einer Situation emotional, intellektuell und intentional stehen. Allerdings ist es uns wichtig, diese Dinge ins richtige Verhältnis zu setzen.

Denn erst wenn Sie gelernt haben, zwischen Ihrem Selbst und Ihrem Gewordensein grundsätzlich zu unterscheiden, kommen Sie in die bereits ausführlich besprochene Lage, mit dem, was bei Ihnen der Fall ist, tatsächlich sein und es in Folge davon handhaben zu können.

✣ Übung 1

Um die Unterscheidung zwischen Selbst und Gewordensein zu üben, ist es sinnvoll, wenn Sie sich, wie zu Beginn beschrieben, ab und zu ein paar Minuten Zeit nehmen, um Ihr ganzes »Gewordensein« in eine imaginäre Kiste zu packen und sich darauf zu konzentrieren, eine kleine Weile ganz »bei sich« zu bleiben.

Wenn ein Gedanke kommt, haken Sie sich nicht an ihm fest, sondern betrachten Sie ihn und lassen ihn vorbeiziehen. Wenn Gefühle auftauchen, verfahren Sie ebenso damit. Sie werden sehen, dass sich, wenn die Übung gelingt, eine angenehme Entspannung und Gelassenheit einstellt. Erwarten Sie aber bitte nicht, dass die Übung beim ersten Versuch klappt. Bleiben Sie mit einer gewissen Regelmäßigkeit für einige Wochen dabei und beobachten Sie, was passiert.

Als Wesen, behaupteten wir ebenfalls zu Beginn, sind Sie reine Potenzialität und damit grundsätzlich in der Lage, Realität zu erschaffen. Entsprechend ist alles, was Ihnen zur Erschaffung einer für Sie optimalen Realität von innen her im Weg steht, der Automatismus Ihres Gewordenseins. Der aber ist nicht zu unterschätzen! Im Zuge der Arbeit mit diesem Buch haben Sie bereits eigene Erfahrungen damit gemacht, was es heißt, aus der reinen Potenzialität des Selbst heraus Neues und Wünschenswertes zu schöpfen – seien es Ziele, Motive und Visionen, seien es Strategien zur Überwindung von Krisen oder die Richtung ihrer Beziehungen: All dies sind Dinge, die Sie in letzter Konsequenz nur vom Selbst aus steuern und verfolgen können!

Andererseits erlebten Sie immer wieder, dass Sie in den alten Trott verfallen oder von Barrieren aufgehalten werden, die aus Ihrem Inneren oder, wie wir es um der genaueren Unterscheidung willen von nun an bezeichnen wollen, aus Ihrem Gewordensein auftauchen. Halten Sie sich bitte dennoch nicht an den Begriffen fest! »Selbst« und »Gewordensein« sind letztlich nur Worte, mit denen wir versuchen, Erfahrungen zu beschreiben, die Sie bei entsprechender innerer Aufmerksamkeit mit sich machen können.

Falls Sie ein Problem damit haben, werfen Sie die Worte über Bord; aber beobachten und unterscheiden Sie in sich, was wir damit ausdrücken wollen: Die Sphäre des Selbstseins ist diejenige, wo Sie Übereinstimmung mit sich empfinden und wo die Möglichkeit auftaucht, heiteren Umgang mit den Realitäten zu pflegen und spielerisch den Stoff zu formen, den Ihnen Ihr Leben bietet. Gewordensein hingegen beinhaltet all das, was sich aus Ihrer persönlichen Geschichte heraus verfestigt hat und dadurch für Störungen sorgt. Als Verfestigung bezeichnen wir jede gedankliche oder emotionale Haltung, auf die Sie keinen freien Zugriff mehr haben.

Frei betrachten und gestalten können Sie nur als Selbst! Vor diesem Hintergrund wird deutlich, wie wir den Begriff »Selbstmanagement« verwenden: Was »gemanaged«, also gehandhabt und geleitet werden muss, ist nicht das Selbst, sondern das Gewordensein. Selbstmanagement in unserem Sinne ist eine Tätigkeit des bewussten Selbst, das verfestigte psychomentale Anteile erkennt, handhabt und in konstruktive Bahnen lenkt. Sie sehen, Unterscheidung ist in diesem Fall alles!

Sie werden sich einfach nicht los!

»Auf sich selbst hören zu können, ist eine Vorbedingung dafür, dass man auf andere hören kann; bei sich selbst zu Hause zu sein ist die notwendige Voraussetzung, damit man sich zu anderen in Beziehung setzen kann.«

Erich Fromm, Psychoanalyse und Ethik

Eben sagten wir, die Beziehung zu sich selbst sei die wichtigste Beziehung in Ihrem Leben. Warum das so ist? Nun, sie ist die einzige, die Sie in jedem Fall bis zu Ihrem Lebensende am Hals haben. Ganz gleich, was Sie unternehmen, Sie werden sich nicht los!

Nichts, was man mit Geld kaufen kann, hilft Ihnen weiter, wenn Sie mit sich nicht im Reinen sind, kein teurer Wagen, keine luxuriöse Wohnung, keine Kreuzfahrt, kein Alkohol, keine Drogen. Nicht einmal Beziehungen zu anderen Menschen können Ihnen letztlich Linderung verschaffen – da die Grundlage für deren Gelingen wiederum Ihr Umgang mit sich selbst ist.

Falls Sie glauben, Geld, Ruhm und Anerkennung würden alle Ihre Probleme mit einem Schlag lösen, haben Sie wahrscheinlich bislang weder viel Geld besessen, noch jemals Ruhm und Anerkennung geerntet. Auch wenn der äußere Anschein oftmals trügt: Nicht was er *hat*, macht einen Menschen aus, sondern was er *ist*.

Wenn Sie also einen finanziell erfolgreichen Menschen treffen, der wirklich sorgenfrei und im Einklang mit sich lebt (und nicht bloß eine perfekt funktionierende Fassade aufgebaut hat), dann ist seine Sorgenfreiheit nicht etwa die

Folge seiner materiellen Sicherheit, sondern eines permanenten inneren Handelns, dank dessen er in der Lage ist, den Zustand der Sorge aktiv zu überschreiten. Sehen Sie genau hin: Die Sorge oder, um ein genaueres Wort zu benutzen, die Angst ums eigene Überleben ist immer und jederzeit in uns Menschen vorhanden. Sie scheint wie auch bei den Tieren in unserer Körperlichkeit verankert zu sein. Egal welchen Ausdruck sie findet – als Existenzangst beim Bangen um den Job oder als Sorge um die Zukunft, die sich niederschlägt im Wahn, alles und jedes möglichst hoch zu versichern, als Angst vor Liebesentzug, die einen Menschen in die absurdesten Formen der Selbsterniedrigung treiben kann – verfolgen Sie eine Sorge, eine Befürchtung, eine Angst bis an ihre Wurzel zurück, kommen Sie irgendwann unweigerlich bei dieser instinktiven Angst ums Überleben an. Wie gesagt, scheint es ein Programm zu sein, das uns mitgegeben ist und das sich durch äußeres Wohlergehen eine Weile beruhigen, aber nicht löschen lässt. Sich selbst überlassen, bleibt diese Angst ständig aktiv, unabhängig von Status, Reichtum, Ansehen, Macht oder Schönheit. Sie motiviert Millionäre dazu, immer mehr Geld anzuhäufen und noch bei einem Vermögen, das in zehn Leben nicht kleinzukriegen wäre, erbittert auf den eigenen Vorteil bedacht zu sein. Sie treibt Politiker in die Machtanhäufung und von dort in die Korruption. Und sie sorgt für die täglichen kleinen und großen Täuschungen, Tricks und Manipulationen, mit denen Menschen versuchen, sich einen Vorteil gegenüber anderen zu verschaffen.

Die Erfahrung von Sicherheit und Halt ist also letztlich unabhängig von den äußeren Umständen, in denen Sie leben. Echten Halt gewinnen Sie nur aus Ihrer Haltung.

Und Haltung hat keinen äußeren Grund. Sie nehmen Sie nicht ein, *weil* Sie erfolgreich oder reich oder berühmt sind.

Sie nehmen Sie ein, weil Sie sich dafür entschieden haben. Ihre Haltung basiert auf nichts weiter als Ihrem bewussten Willen, sie einzunehmen.

Es ist ein geistiger Akt, den Sie als Selbst vollziehen. Vor diesem Hintergrund wollen wir den Begriff »Selbstmanagement« um einen zusätzlichen Aspekt erweitern, nämlich den der Wahl und Ausübung einer inneren Haltung, die Sie für sich als richtig und förderlich erkannt haben und die weder von Ihrem Gewordensein noch von Ihrer Überlebensangst dominiert wird.

Das Leben als Jukebox

Können Sie sich noch an die legendären Jukeboxen erinnern, jene Schallplattenautomaten, die vor den Zeiten von Walkman und MP3 die Gaststätten und Bars bevölkerten?

Oben warf man eine Münze ein, wählte einen Titel aus dem Menü und dann dudelte zur Freude einiger und zum Ärgernis anderer die gewünschte Musik durch die Schankstube.

Als Gewordensein geht es Ihnen nicht viel anders: Infolge Ihrer Geschichte haben Sie ein bestimmtes Repertoire an Gedanken, Emotionen und Verhaltensweisen abgespeichert.

Drückt jemand einen der Knöpfe auf Ihrer »Menüleiste«, spielen Sie mit schöner Regelmäßigkeit immer dieselbe Platte ab.

Sie kennen das doch! – Eben noch war alles in bester Ordnung, Sie fühlten sich zuversichtlich und unverwundbar, dann macht eine Kollegin eine bissige Bemerkung über Ihr Aussehen, Ihr Vorgesetzter rügt Ihre Performance oder es flattert einfach nur ein Zahlungsbescheid des Finanzamts ins Haus, und mit einem Mal ist die ganze Pracht dahin. Sie fühlen sich betreten und schwach oder aufgebracht und wütend oder hilflos und resigniert oder sonst wie. Ganz egal. Wichtig ist, dass ein Knopf gedrückt wurde und nun die alte, wohl vertraute Platte spielt, die in solchen Situationen immer auf Ihren Plattenteller rutscht. Sie *agieren* nicht mehr frei, klar und aus dem Selbst heraus, sondern Sie *reagieren* wie ein Automat – unfrei, fremdgesteuert, dominiert von Ihrer Geschichte.

Vor dem Hintergrund dieser Gedanken erhält das Wort »Selbstbestimmung« eine substanziell vertiefte Bedeutung. Es geht nicht mehr allein darum, dass Sie unabhängig von äußeren Beschränkungen selber über Ihr Leben entscheiden können, sondern darum, dass Sie sich als Selbst immer deutlicher von den inneren Beschränkungen Ihres Gewordenseins befreien und sich aus den Verstrickungen lösen, in die Sie als Folge dieser Beschränkungen geraten sind.

Übung 2

Machen Sie eine kleine Übung, die wir die »Jukebox-Liste« nennen wollen. Schreiben Sie Situationen auf, die für Sie typisch sind und in denen Sie wie auf Knopfdruck immer auf dieselbe Weise mit denselben unerwünschten Verhaltensweisen und Gefühlen reagieren. Vielleicht sind es gewisse Momente in Ihrer Partnerschaft. Vielleicht Konfrontationen am Arbeitsplatz, vielleicht etwas anderes. Möglicherweise sind es auch Zustände, in die Sie als Reaktion auf bestimmte Auslöser ohne die direkte Beteiligung anderer für sich allein geraten. Sehen Sie genau hin und seien Sie dabei ehrlich mit sich! Niemand schaut Ihnen über die Schulter. Keiner da, vor dem Sie gut dastehen müssten. Ergänzen Sie die Liste, wann immer Ihnen auffällt, dass Sie von Ihrem Gewordensein gesteuert werden.

Bitte lesen Sie nicht weiter, bevor Sie nicht diese Liste zusammengestellt haben!

- Erkennen Sie gewisse Muster? Wenn ja, stellt sich die Frage, was Sie damit tun können.

Erstens: Versuchen Sie nicht, diese Muster zu analysieren und die Gründe für Ihr Verhalten zu finden. Es ist völlig gleichgültig, *warum* etwas ist. Sie sollen nur klar sehen, *dass* es ist. Darüber nachzudenken bringt Sie nicht weiter.

Das haben Sie in der Vergangenheit wahrscheinlich oft genug getan und nichts damit bewirkt. Hier gilt der Satz eines erfahrenen Coach: Wenn Sie Ihre psychischen Knoten durch Nachdenken lösen könnten, dann wären sie schon gelöst.

Zweitens: Urteilen Sie nicht darüber und vor allem verurteilen Sie sich nicht. Jede moralische Wertung vermindert die Möglichkeit, die Sache genau zu erkennen. Wie jeder Mensch schleppen Sie ein ganz bestimmtes Gewordensein mit sich herum. Na und? Die Frage nach gut oder schlecht stellt sich dabei nicht. Worum es geht, sind einzig und allein zwei Dinge:

Innere Aufmerksamkeit* und *Unterscheidung!

Entwickeln Sie die Aufmerksamkeit, jederzeit zu bemerken, wann Sie in die Muster Ihres Gewordenseins verfallen. Und schulen Sie durch die Unterscheidung zwischen Selbst und Gewordensein Ihr Selbstgefühl im Sinne eines reinen, unbehinderten Bei-sich-seins.

Keine kleine Sache! Wenn sich die Schallplatte erst einmal auf dem Teller dreht, dröhnt die Jukebox laut und vernehmlich!

Seit Jahren und Jahrzehnten sind Sie es gewohnt, sich mit den Gedanken und Gefühlen, die in solchen Momenten auftauchen, nahezu vollständig zu identifizieren. Der Impuls kommt, und Sie werden von sehr überzeugenden Emotionen überschwemmt, die Ihnen als echt und unabänderlich erscheinen. Wenn Sie aber einen Sinn dafür entwickeln, wann die Jukebox loslegt, beginnen Sie, eine Wahl zu haben. Sie müssen Ihre Muster nicht mehr willenlos ausagieren, sondern können sich für eine Handlungsweise entscheiden, die der jeweiligen Situation besser entspricht. Anders gesprochen: Sie können als Selbst eine Haltung einnehmen, die Sie voranbringt und die Ihre inneren Ziele fördert.

Übung 3

Nehmen Sie sich noch einmal Ihre »Jukebox-Liste« vor und überlegen Sie sich, wie Sie in den entsprechenden Situationen handeln könnten, wenn Sie nicht von Ihren Emotionen und Gewohnheiten beeinflusst wären. Entwerfen Sie sich so, wie Sie sich gern hätten. Denken Sie dabei auch an Menschen, die Ihnen vorbildhaft erscheinen. Was ist besonders an diesen Menschen? Welche Qualitäten haben sie? Schreiben Sie alles auf, was Ihnen einfällt! Übrigens: Jede Qualität, die Sie bei anderen wahrnehmen können, ist potenziell auch in Ihnen vorhanden. Sonst würden Sie sie gar nicht bemerken. Ob Sie eine bestimmte Qualität allerdings ausprägen oder nicht, liegt allein an Ihnen.

Klar haben sie immer Recht!

»Die eigentliche Wahrheit werden Sie nie durch den Intellekt oder den Verstand erkennen. Sie können durch die Vernunft zwar überzeugt werden, doch Überzeugung ist nicht die Wahrnehmung dessen, was wahr ist.«

Jiddhu Krishnamurti

Erfolgreiches Selbstmanagement bedeutet, zunehmende Meisterschaft über grundlegende psychische Funktionen zu erlangen. Dafür ist es erforderlich, sich mit diesen Funktionen erst einmal vertraut zu machen, um sie dann im eigenen Leben beobachten und mit ihnen experimentieren zu können. Wenn sich unsere Erläuterungen dazu meist auf das notwendige Minimum beschränken, so nicht aus dem Grund, weil wir Ihnen etwas vorenthalten möchten. Vielmehr wollen wir Sie dazu anstiften, die jeweiligen Gedanken selbst weiterzuverfolgen und im Selbst-Versuch Ihres täglichen Lebens zu erproben, ob und welchen praktischen Nutzen sie für Sie bieten.

Gleich zu Anfang dieses Buches erklärten wir, dass wir nicht Ihren Verstand unterhalten, sondern Sie als Selbst fördern wollen.

Das hat mit der Tatsache zu tun, dass der Verstand für die Entwicklung des Selbst – oder wie andere es nennen: die Transformation der Persönlichkeit – praktisch keine Rolle spielt, es sei denn eine behindernde. Das mag Sie überraschen, wird doch dem Intellekt in unserer modernen, westlichen Welt größte Bedeutung beigemessen. Unser gesamtes Schul- und Ausbildungswesen basiert darauf, den Verstand mit Daten und Fakten zu füttern, und als »gebildet« gilt, wer über möglichst viel intellektuelles Wissen verfügt.

Allerdings zeigt die alltägliche Erfahrung, dass man mit dem Verstand ausgesprochen viel erfassen kann, ohne sich dadurch als Persönlichkeit im Geringsten zu entwickeln. Um es mit den Worten eines lange verstorbenen Philosophen zu sagen: Der Verstand ist zu Ansichten fähig, nicht aber zu Einsichten. Gerade für sehr intellektuelle Menschen kann er daher regelrecht zum Gefängnis werden, indem er sie zur Überzeugung bringt, alles und jedes zu wissen und zu durchschauen, während sie gleichzeitig schon an vergleichsweise geringen psychosozialen Problemen scheitern. In Anerkenntnis dieser Tatsache bemühen sich die großen mystischen Traditionen wie Yoga, Zen und andere seit jeher, den Verstand durch verschiedene Mittel zu überlisten, damit er auf dem Weg zur Befreiung des Selbst nicht zum Hindernis wird.

Das ist kein leichtes Unterfangen. Überprüfen Sie sich. Ihr Intellekt verfolgt von Natur aus in erster Linie ein Ziel: Sie sollen Recht haben und Recht behalten! Ihre Meinung ist die richtige! Ihre Sicht der Dinge gilt! – »Dieser blöde Fahrradfahrer soll gefälligst aufpassen, wo er langfährt! Dieser dämliche Autofahrer kennt wohl die Verkehrsregeln nicht! Sind denn heute nur Idioten auf der Straße? Was schreiben die hier eigentlich für einen Schwachsinn? Was hat denn Verstand mit Straßenverkehr zu tun? Und außerdem mag es ja Rechthaber geben – ich wüsste da so einige – aber ich gehöre sicher nicht dazu ...« Lassen sie uns nicht debattieren. Überprüfen Sie sich. Beobachten Sie Ihr Denken. Seien Sie aufmerksam! Sie werden feststellen, dass Sie immer Recht haben! Und wenn Sie tatsächlich einmal widerlegt werden, findet Ihr Denken sofort einen Weg, um Sie wenigstens vor sich selbst gut dastehen zu lassen. Denn darum geht es:

Recht haben = gut dastehen = mehr Überlebenschancen!

Dafür tun Sie alles. Dafür tut jeder alles. Deswegen haben alle immer Recht. Machen Sie sich das klar. Jeder um Sie herum hat in seiner Welt immer Recht und ist darum bemüht, seine Welt zur allgemeinen zu machen. Jeder soll die Dinge so sehen wie er. Koste es, was es wolle! Und natürlich haben Sie auch immer Recht: Alle sollen das sehen, was Sie sehen! Daran scheitern Freundschaften und Ehen. Daran zerbrechen berufliche Partnerschaften und politische Bündnisse. Daran entzünden sich Kriege. Wir haben Recht und die anderen Unrecht. Bumm!

Sie können Ihr Rechthaben übrigens nicht abstellen. Es scheint dem Verstand, dem Denken, innezuwohnen wie eine Art inoperabler geistiger Wurmfortsatz, längst ohne Funktion für den Organismus, aber im entzündeten Zustand hochgradig gefährlich. Was Sie jedoch tun können, ist wiederum einen Sinn für Ihr Rechthaben zu entwickeln und es auf diese Weise unter Ihre Kontrolle zu bringen, anstatt sich von ihm dominieren zu lassen. Sie können sich schulen zu erkennen, wann Ihr Rechthaben aktiv wird, um stattdessen zu schauen, was in der entsprechenden Situation das Richtige ist. Sehen Sie den Unterschied?

Das Richtige kann unter Umständen das sein, was Ihrem Rechthaben am meisten widerstrebt. Keine leichte Sache. Sie müssen dazu wiederum als Selbst aktiv werden und eine Position beziehen, die oberhalb der Ebene bloßen instinkthaften Reagierens liegt. Sie müssen eine bewusste Haltung einnehmen.

Wundern Sie sich nicht: Ihr Rechthaben willentlich zu überwinden, kann richtig wehtun! Lassen Sie sich davon nicht abhalten. Üben Sie es. Experimentieren Sie damit. Je besser es Ihnen gelingt, desto mehr wird der Verstand zu dem, wozu er wohl ursprünglich einmal gedacht war: zu einem Instrument, das Ihnen zur Weltbewältigung dient, indem es Daten sammelt und auswertet – und nicht eine Rechthabemaschine, die Ihnen Ihr Verhalten diktiert.

Positives Denken!

Sie werden sich erinnern, dass wir am ersten Tag kurz und kritisch auf das so genannte positive Denken eingingen. Wir sagten, dass es nichts helfe, sich das positive Denken wie einen bunten Hut auf einen mürrischen Kopf zu setzen. Solange es nur ein Verstand betriebener Vorgang und damit losgelöst von der eigenen emotionalen Realität bleibt, kann es die gewünschte Wirkung nicht nur nicht entfalten, sondern schlimmstenfalls sogar destruktive Ergebnisse zeitigen. Aber gerade Ihre emotionale Realität ist es ja, die Sie zum Besseren wandeln möchten. Was tun? Unsere erste Empfehlung lautete: Bevor Sie sich um positives Denken kümmern, nehmen Sie wahr, was bei Ihnen der Fall ist!

Mit dem »Gewordensein« haben wir nun eine Kategorie eingeführt, die das Thema rund um Gefühle, Gedankenmuster und innere Gewohnheiten um eine wichtige Unterscheidung bereichert.

Genau gesagt, hilft sie Ihnen, zwischen Ihrer Vergangenheit (Gewordensein) und Ihrem Selbstsein zu unterscheiden, um Ihre Zukunft von der Gegenwart aus bewusst als eine wünschenswerte zu gestalten. Haben Sie auch manchmal Träume, in denen verschiedene Zeiten, Erlebnisse und Menschen zu einer verworrenen Scheinwirklichkeit zusammenfließen? Solange Sie träumen, erscheint alles völlig schlüssig und normal. Doch nach dem Erwachen entpuppt sich das Ganze dann als unzusammenhängendes Durcheinander. Im kleinen Kreis erzählte kürzlich ein Freund von einem Traum, in dem alle seine früheren Geliebten zu einer einzigen Frau verschmolzen. Wie bei einem Chamäleon veränderten sich Gesicht und Charakter der Frau ständig, was unseren Freund in die seltsamsten emotionalen Verwirrungen stürzte, von denen er sich – es war Frühstückszeit – noch gar nicht wieder richtig erholt hatte.

Auf die Frage, wie wir über den Traum dächten, bemerkte jeder der Anwesenden irgendetwas, bis eine junge Sängerin den entscheidenden Satz aussprach: »Eigentlich geht es uns in dem, was wir Wachzustand nennen, auch nicht anders. Dauernd vermischen wir die Zeiten und Personen und reagieren in der Gegenwart auf etwas, was uns irgendwann in der Vergangenheit geschehen ist. Wir gehen wie schlafend durchs Leben!« Zu unser aller Bestürzung hatte sie damit den Nagel auf den Kopf getroffen!

Sehen Sie sich das an! Je weniger bewusst Sie sind, desto stärker wird Ihr gegenwärtiges Erleben von den im Unbewussten abgelagerten Erfahrungen, Übereinstimmungen und Beschlüssen ihres Gewordenseins dominiert. Sie glauben dann zwar, in der Gegenwart präsent zu sein, stecken aber in Wirklichkeit immer an irgendeinem Punkt Ihrer Geschichte fest und reagieren auf etwas, was mit der aktuellen Situation nur entfernt zu tun hat.

Wenn Sie nun bedenken, dass es Ihrem Gegenüber in den meisten Fällen nicht anders ergeht, können Sie sich die zwischenmenschlichen Verwirrungen erklären, in die Sie als Mensch immer wieder geraten. Jeder leidet unter dem Albdruck seines Gewordenseins und ist unfähig, die Augen zur Wirklichkeit aufzuschlagen. Einen »Sinn« für Ihr wahres Selbst zu entwickeln und es von den Impulsen Ihres Gewordenseins unterscheiden zu lernen, ist daher wie ein allmähliches Erwachen. Sie können Situationen immer klarer und präziser beurteilen, Sie sind Ihren aus dem

Gewordensein aufsteigenden Reaktionen weniger hilflos ausgeliefert und Sie entwickeln einen Blick dafür, wann und auf welche Weise andere festhängen.

Darüber hinaus machen Sie eine erstaunliche Erfahrung: Wenn Sie ganz bei sich selbst sind, empfinden Sie weder Leid noch Schmerz, weder Missgunst noch Hass oder irgendein anderes negatives Gefühl. Sie sind wach und bereit, Ihre Ziele zu verfolgen, Schwierigkeiten anzugehen und den Kurs Ihrer Beziehungen in positive Bahnen zu lenken. Sie bemerken, dass Sie sich selbst und anderen gegenüber freundliche Absichten hegen – nicht aus einem verzweifelten Idealismus oder der Angst heraus, andernfalls nicht geliebt zu werden, sondern weil diese Haltung der natürliche Ausdruck des Selbst ist. **Jedes Selbst!**

Mit anderen Worten, Sie erkennen, was seit jeher den Gipfel philosophisch-religiöser Einsicht ausmacht: In seinem Wesen ist der Mensch gut! Das Dunkle, Missgünstige, Verletzende, ja Gefährliche, dem Sie tagtäglich in und um sich begegnen können, ist eine Abirrung in die Winkel und Gassen der jeweils eigenen Geschichte und als solche Resultat unbewussten Lebens.

Vor diesem Hintergrund erscheint das positive Denken nicht mehr wie ein Fremdkörper, den Sie ihren mitunter vielleicht ganz anderen emotionalen Impulsen entgegenstemmen, sondern eher wie das Einüben Ihrer natürlichen, ursprünglichen und oftmals vergessenen Wesenszüge. Sie erobern sich damit eine grundsätzlich positive Lebenshaltung zurück, die stark genug ist, auch den unvermeidlichen Tiefschlägen und vermeintlichen Rückschritten standzuhalten, die jedes Leben hier und da mit sich bringt.

Sprung in der Schüssel?

Vor einiger Zeit betreuten wir eine deutsche Organisation, die im Zuge der Globalisierung einen neuen australischen Chef bekommen hatte[2]. Dieser Chef, Mark Cooper, konsultierte uns, weil er bei seinem deutschen Führungsteam auf Schwierigkeiten stieß, die ihm Rätsel aufgaben und die er auf kulturelle Unterschiede zwischen Australiern und Deutschen zurückführte. Teil dieser Schwierigkeiten war die Unfähigkeit vieler Manager, Mitarbeiter durch Lob und Zuspruch zu mehr Leistung anzuspornen, anstatt sie durch Tadel und Kritik fortwährend unter Druck zu halten und zunehmend zu demotivieren.

»Ich habe schon versucht, mit den Führungskräften darüber zu reden, dass Befähigung mehr bringt als immer nur in den Fehlern herumzubohren. Aber mir ist, als redete ich gegen Wände«, erklärte Mark. »Die Leute verweigern sich meinen Vorschlägen, als verlangte ich Unmögliches. Dabei geht es mir nur um eine freundliche, produktive Arbeitsatmosphäre, wie ich sie von unserer australischen Niederlassung her kenne und schätze!«

Wir vereinbarten ein Prozesstraining für die Managementebene, um dieses und weitere Themen anzugehen. Im Zuge der ersten Sitzungen wurde nach und nach klar, worin das Problem bestand: Vordergründig fürchteten die Führungskräfte, dass ihnen die – wie sie es empfanden – von oben verordnete Freundlichkeit als ein Zeichen von Schwäche oder sogar Inkompetenz ausgelegt werden könnte. »Ja soll ich denn dauernd grinsend durch die Gegend

2 Wir haben diese Fallgeschichte so verändert, dass die Beteiligten anonym bleiben! Von der Sache her ist die Geschichte authentisch.

laufen und jedem auf die Schulter klopfen?«, meinte ein Teilnehmer und sprach damit vielen seiner Kollegen aus dem Herzen. »Da glauben die Leute doch, ich hätte einen Sprung in der Schüssel!«

Das eigentliche Problem lag aber noch dahinter. Diese nach außen hin selbstbewussten und sehr erfolgreichen Manager konnten das Ansinnen ihres neuen Chefs deshalb nicht umsetzen, weil ihr innerer Fokus fast ausschließlich auf ihren möglichen oder konkreten Fehlern und Fehlschlägen lag, für die sie, wenn sie ihnen unterliefen, hart mit sich ins Gericht gingen.

Sie setzten sich selbst permanent unter einen hohen Erfolgsdruck, ohne aber eintretende Erfolge wirklich genießen zu können, da sie sich auch hier hauptsächlich auf das konzentrierten, was nicht optimal gelaufen war. Kurz, ihr Selbstwertgefühl hing am seidenen Faden makelloser und schwankungsfreier Performance, und so konnten sie natürlich anderen nicht vermitteln, was sie sich selbst zu geben nicht in der Lage waren: Lob, Anerkennung und das Gefühl echter Wertschätzung!

Bei der Erörterung des Themas kam die Rede irgendwann auf die Notwendigkeit eines »kritischen Bewusstseins« – und damit auf wahrscheinlich den Teil der Problematik, den Mark Cooper als typisch »deutsch« wahrgenommen hatte.

Keine Frage, sich selbst mit kritischem Blick betrachten zu können, ist eine wichtige Eigenschaft. Nichts ist unangenehmer als jene Zeitgenossen, die mit unerschütterlicher Selbstüberschätzung noch die größten Blödsinnigkeiten für Glanzleistungen halten. Aber was bedeutet Kritik? Ursprünglich nichts anderes als »Urteilsfähigkeit« bzw. »Unterscheidungsvermögen«, und damit letztlich das, was wir Ihnen im Zuge dieses Buches immer wieder ans Herz legten.

Selbstverständlich erfordert der Umgang mit sich selbst den klaren, unverstellten Blick; der aber bedeutet *Be*urteilung und nicht *Ver*urteilung und schon gar bedeutet er, sich das Leben durch ständige (Ab-)Wertungen, Druck und Selbstzweifel zur ganz privaten Hölle zu machen. Leider ist es das, was bei vielen Menschen im tiefsten Innern permanent geschieht: Statt Selbstkritik im Sinne nicht wertender Unterscheidung zu üben, verfallen sie einem unerbittlichen Kritizismus, dem weder sie (noch andere) jemals gerecht werden können und der ihr Selbstwertgefühl nach und nach in den tiefsten Keller sinken lässt. Die Folgen davon sind mannigfaltig. Wenn es Ihnen wie es im Fall der beschriebenen Manager an einem authentischen Gefühl für den eigenen Selbstwert mangelt, wird es für Sie schwer, aus Fehlern zu lernen und als Persönlichkeit zu wachsen. Da Sie sich nur über Erfolg und Leistung definieren, stellt jeder Fehler eine weitere Bedrohung für Ihr Selbstwertgefühl dar, weswegen Sie lieber nicht so genau hinsehen und gleichzeitig dafür sorgen, dass es auch andere möglichst nicht tun. Dies wiederum führt schnell zu manipulativen Tendenzen. Um andere abzuhalten, Sie in Ihrer vermeintlichen »Schwäche« zu erkennen, müssen Sie sicherstellen, dass diese mit Dingen beschäftigt sind, die Ihrer Kontrolle unterliegen. Wie bereits an anderer Stelle behandelt, nimmt das Manipulieren bald immer mehr Raum ein. Wie ein Tellerdreher im Varieté müssen Sie von einer Person zur anderen hetzen, um zu verhindern, dass diese vom Stöckchen Ihrer Willkür springen.

Auch wenn das eine Weile lang funktionieren mag – wachsen und sich verbessern können Sie dabei nicht, und Sie erkaufen sich mögliche äußere Erfolge durch erhebliche Einbußen an wirklicher Lebensqualität. Sie kennen sicherlich den Satz, dass ein Tyrann keine echten Freunde kennt, sondern nur Komplizen und Unterdrückte, die beide nur darauf warten, sich im erstbesten Moment gegen ihn zu wenden. Stark manipulativen Menschen geht es ähnlich, da ihnen der Andere, das Du, nicht als Mensch, sondern als zu kontrollierendes Objekt erscheint, dessen Selbstbestimmung verhindert werden muss.

Ein stabiles Selbstwertgefühl ist also ein entscheidender Faktor für Ihr Wachstum als Persönlichkeit und für Ihren Erfolg im Leben. Allerdings reicht das rationale Verständnis dieser Zusammenhänge nicht aus, um es herzustellen. Sie müssen dafür Ihren Ausblick auf sich selbst und die Welt ändern und Abschied nehmen von jener falsch verstandenen Form von Selbstkritik, die wir oben beschrieben haben.

Das hört sich schwieriger an, als es ist. Wir empfehlen Ihnen zum Abschluss unseres letzten gemeinsamen Tages drei einfache Übungen zur Steigerung des Selbstwertgefühls, von denen wir Ihnen versprechen können, dass sich die ersten positiven Auswirkungen schon nach wenigen Tagen einstellen werden.

▶ Drei Übungen zur Steigerung des Selbstwertgefühls

1. Sieger geben ehrliche Anerkennung

So unscheinbar, ja fast banal diese Übung auf den ersten Blick erscheinen mag, so springen Sie mit ihr doch genau in die Mitte unserer Thematik. Wie wir im vorangegangenen Kapitel gezeigt haben, können Sie die Leistungen Ihrer Mitmenschen nur dann schätzen und anerkennen, wenn Sie mit sich selbst im Reinen und damit also ein »Sieger« sind.
Wenn Sie sich Ihres Selbst und Ihres Wertes nicht sicher sind, empfinden Sie die Vorzüge anderer als Bedrohung und schotten sich dagegen ab. Gleichzeitig sucht Ihr Verstand – über dieses Phänomen sprachen wir bereits – fieberhaft nach Rechtfertigungen, um plausibel zu machen, warum die Erfolge, Vorzüge oder Leistungen dieser anderen genau dies eben nicht seien, sondern nur irgendeine Form von Betrug, kaum gerechtfertigte Glücksfälle oder Nebensächlichkeiten. Dann hat sich der soeben beförderte Jungmananger »in der Chefetage eingeschleimt«, die über Nacht zum Star gewordene Filmschauspielerin »zufällig den richtigen Produzenten gevögelt«, und der millionenschwere Formel 1 Champion »mag ja jeden Rekord brechen, aber er hat trotzdem immer dieses idiotische, arrogante Grinsen im Gesicht«. Diese Art der Herabsetzung und Missgunst wird täglich tausend- und hunderttausendfach praktiziert. Und glauben Sie uns, sie ändert nichts an der Tatsache, dass der Jungmanager weiter aufsteigt, die Filmschauspielerin den nächsten Filmpreis entgegennimmt und der Formel-1-Champion von Sieg zu Sieg fährt.

Herabsetzung und Missgunst bewirken nur eines: Sie sorgen dafür, dass diejenigen, die sie praktizieren, mit ihrem

Bewusstsein und ihrer Emotionalität immer tiefer sinken und eines garantiert nicht werden: echte Sieger im Spiel ihres Lebens! Betrachten Sie einmal wirklich erfolgreiche Menschen, und Sie werden feststellen, dass sich diese ausnahmslos durch die Fähigkeit auszeichnen, die Erfolge anderer zu sehen, anzuerkennen und sich sogar daran zu erfreuen! Sie nehmen deren Vorzüge als Ansporn und Vorbild, sich selbst immer noch weiter zu verbessern, niemals als Anlass zu Missgunst oder auch nur Mutlosigkeit. So befinden sich diese Menschen in einer Bewusstseins- und Emotionsspirale, die nur eine Richtung kennt – immer weiter nach oben!

Wie Sie sich erinnern werden, sind Sie als Selbst in der Lage, sich frei für eine Haltung zu entscheiden, die Sie für sich als förderlich erkannt haben. Vor diesem Hintergrund wollen wir Ihnen unsere erste Übung zur Steigerung des Selbstwertgefühls empfehlen:

Achten Sie fortan auf die Stärken Ihrer Mitmenschen. Konzentrieren Sie sich auf das, was Sie ehrlich anerkennen können.

Die Betonung liegt auf dem Wort »ehrlich«. Denn dafür müssen Sie sehr genau hinsehen und sich geistig und emotional auf das Niveau desjenigen emporheben, den Sie anerkennen. Von unten aus können Sie ihn bestenfalls bewundern. Erst auf gleicher Augenhöhe aber können sie seine Leistung voll anerkennen. Wenn Sie sich für diese Haltung entscheiden, werden Sie bald die interessante Erfahrung machen, dass sich Ihr Selbstwertgefühl in dem Maße verbessert, in dem Sie anderen diese Form von Respekt erweisen.

Sie heben sich nach und nach selbst auf eine höhere emotionale Ebene und beginnen, sich Dinge zuzutrauen, die Ihnen vorher vielleicht unmöglich erschienen sind. Wahrscheinlich wird sich sogar der Kreis von Menschen verändern, mit dem Sie verkehren, da Sie sich automatisch bei Leuten, die ebenfalls mit einem positiven Ausblick in die Welt sehen, wohler fühlen werden als bei solchen, die noch in der leckersten Suppe mit grimmigem Gesicht nach einer Fliege oder wenigstens einem Härchen suchen.

2. Die Liste Ihrer positiven Eigenschaften

Für diese Übung beantworten Sie bitte zunächst die folgenden Fragen:

- **Welche Stärken bzw. Fähigkeiten habe ich?**
- **Welche positiven Charaktereigenschaften habe ich?**
- **Was habe ich bis heute erreicht?**
  a) materiell b) immateriell
- **Worauf bin ich stolz?**
- **Wofür bin ich dankbar?**
- **Was finden andere gut an mir?**

Lassen Sie sich damit genügend Zeit und schreiben Sie alles auf, was Ihnen einfällt. Dazu gehören auch so genannte »kleine« Dinge, die im Getriebe des Alltags manchmal unter den Tisch fallen.

Und denken sie daran: Lassen sie bei dieser Übung jede Kritik und jeden Selbstzweifel beiseite, also kein »tendenziell bin ich großzügig, aber ...« Denken Sie nur über Ihre guten Seiten nach und erklären Sie Ihrem inneren Kritiker, dass er für die Dauer dieser Übung Pause machen darf. Falls es Ihnen schwer fallen sollte, etwas Positives zu finden, machen Sie einfach so lange weiter, bis es Ihnen gelingt. Gut möglich, dass Sie so auf »Selbstkritik« programmiert sind, dass Ihnen diese Übung wie eine Aufforderung zu narzistischer Selbstbespiegelung erscheint. Aber mit Narzismus hat diese Übung nichts zu tun, wohl aber mit dem notwendigen Maß an Liebe zu sich selbst.

Selbstliebe hat in unserer Kultur einen eigenartigen Klang. Sie haben – sofern Ihre Eltern Sie nicht mit antiautoritären Mitteln zu bändigen versuchten – von früh an gelernt, das Wort mit Egoismus gleichzusetzen, mit Ich-Vergötterung, kurz, mit etwas, was Sie möglichst vermeiden sollten.

Schon als Kind hat man Ihnen eingetrichtert, wie wichtig es sei, selbstkritisch zu sein und auf Ihre Fehler zu achten. Sie wissen sich zu disziplinieren und zu funktionieren. Solange Ihnen das gelingt, ist alles gut. Doch sobald Sie sich in geringster Weise als dysfunktional erleben, sobald es mit der Disziplin nicht mehr so recht klappen will, sobald die »Fehler«, die Sie an sich erleben, überhand gewinnen, kommt oftmals so eine Art innerer Volksschullehrer zum Zuge, der Sie für Ihr Versagen gnadenlos rüffelt und Ihnen Ihr Selbstwertgefühl versagt. Sollte dies bei Ihnen anders sein und Ihnen die Übung leicht fallen, umso besser. Falls sie Ihnen aber doch Mühe und etwas Bauchschmerzen bereitet, bleiben Sie dran. Sie werden sehen, wie entspannend und inspirierend es für Sie ist, sich einmal ganz auf Ihre guten Seiten zu konzentrieren!

3. Das Siegerbuch

Beim Siegerbuch geht es darum, dass Sie sich über einen längeren Zeitraum täglich vor dem Zubettgehen eine einzige Frage beantworten:

Wofür hat es sich heute gelohnt zu leben?

Als Voraussetzung für Ihr Siegerbuch brauchen Sie nichts weiter als wiederum Ihre Kladde und den Willen, das Büchlein über einen Zeitraum von mindestens vier Wochen zu führen. Wenn Sie es tun, werden Sie bereits nach wenigen Tagen bemerken, dass sich Ihr Ausblick verändert. Schon tagsüber beginnen Sie darauf zu achten, was alles gut läuft und wofür dieser Tag lohnend gewesen sein könnte. Dabei stellen Sie in aller Regel fest, dass es immer eine ganze Menge Gründe dafür gibt, die Ihnen früher mangels Aufmerksamkeit entgangen waren. Schreiben Sie aber bitte immer nur das größte Erfolgserlebnis des jeweiligen Tages in Ihr Siegerbuch. Denken Sie dabei daran, dass Erfolg keine Frage äußerer Kategorien ist, sondern mit Ihren ureigenen Zielen zusammenhängt. Entscheiden Sie sich vor diesem Hintergrund, was heute Ihr größter persönlicher Erfolg war, und notieren Sie nur diesen!

Drehen Sie Ihre Kladde dafür bitte um und beginnen Sie auf den letzten Seiten. Auf diese Weise können Sie von vorn nach hinten die Liste Ihrer positiven Eigenschaften weiterführen (schreiben Sie täglich eine positive Eigenschaft auf, die Sie an sich bemerkt haben und die an diesem Tag besonders präsent war) und von hinten nach vorn Ihr Siegerbuch (ein Grund, warum sich der Tag zu leben lohnte).

Auf diese Weise entsteht ein kleines Kompendium Ihrer Freuden und Stärken, das Sie an trüben Tagen auch schon mal als eine Art »Nachschlagewerk« zur Aufbesserung Ihres Lebensgefühls verwenden können. Aber wie gesagt: Das Ziel dieser Übung wird nur erreicht, wenn Sie a. Ihr Buch mindestens vier Wochen lang *täglich* führen und b. es nicht fortlegen, bevor Sie nicht einen wirklichen Punkt gefunden haben. Und das bedeutet, nicht irgendwas hineinzuschreiben, um es endlich hinter sich zu haben, sondern genau hinschauen und herausfinden, was Ihr Leben heute tatsächlich lebenswert gemacht hat.

Statt eines Nachworts: Die Legende von Ping und Pong

Zum Schluss haben wir noch ein Anliegen an Sie:

- **Bleiben Sie neugierig!**
- **Bleiben Sie wach!**
- **Bleiben Sie auf der Suche!**

Natürlich hält das Leben unendlich viel mehr Einsichten und Erkenntnisse für Sie bereit, als wir Ihnen mit diesem Buch bieten konnten. Daher schon zu Beginn unsere Einschränkung: Es handelt sich um Basismaterial, um sich selbstständig auf den Weg zu machen! Selbst das beste Buch kann Sie im besten Fall anregen, aber niemals die komplexen Erfahrungen direkten Erlebens ersetzen. Es ging uns darum, Ihnen Anstöße zu liefern, wie Sie Ihr Leben auf leichtere, erfreulichere Weise gestalten und innerlich wachsen können. Der nächste Schritt liegt in der

Interaktion zwischen Ihnen und anderen. Wenn Sie hierfür einen geschützten und konstruktiven Rahmen suchen, bieten wir Ihnen gern an, eines unserer Seminare und Coachings zu besuchen, die wir jährlich abhalten. Die Termine finden Sie unter **www.h2r.de**. Freuen würden wir uns auch über Ihr Feedback, welche Erfahrungen Sie mit diesem Buch gemacht haben. Dazu stehen wir Ihnen im Internet unter **Florian.Goldberg@h2r.de** bzw. **Michael.Haensch@h2r.de** gern zur Verfügung.

Lassen Sie uns Ihnen zum Abschluss noch eine von Konfuzius überlieferte Geschichte erzählen, die wir auch am Ende unserer Basistrainings den Teilnehmern mit auf den Weg geben:

Im alten Reich der Mitte lebten einst zwei Knaben namens Ping und Pong (wobei wir nicht wissen, ob sie etwa zur Erfindung des bis heute beliebten Pingpong-Spiels beigetragen haben). Als aufgeweckte und, wie es sich für das Alter gehört, rotzfreche Jungs bezweifelten sie lebhaft, ob der Kaiser wirklich, wie allseits behauptet und geglaubt, allwissend sei.

»Allwissend? Niemals!«, ereiferte sich Ping, »selbst mein Großvater mit seinen über 90 Jahren weiß nicht alles, und unser Kaiser ist doch erst 40!«
»Ich glaub's auch nicht«, pflichtete Pong bei, »kürzlich hörte ich sogar Chang, den alten weisen Mönch im Tempel, sagen, er wisse nicht alles. Und Chang weiß sicher mehr als der Kaiser!«

Die Frage ließ den beiden Freunden allerdings keine Ruhe. Sie überlegten hin und her, wie sie die Allwissenheit des Kaisers auf die Probe stellen könnten. Als sie eines Tages ein aus dem Nest gefallenes Vögelchen fanden, kam Ping eine Idee.

»Pong, ich hab's! Pass auf: Wir nehmen dieses Vögelchen und gehen damit in den kaiserlichen Palast. Dort angekommen verstecken wir das Vögelchen hinter unserem Rücken, treten vor den Kaiser und fragen ihn, ob das Vögelchen, das du oder ich in der Hand halten, lebt oder nicht. Sagt er: das Vögelchen lebt, brechen wir ihm das Genick und zeigen dem Kaiser das tote Tier. Sagt er aber, das Vögelchen sei tot, dann lassen wir es fliegen!«

»Prima Idee«, bestätigte Pong. »Egal, was er antwortet, beweisen wir, dass der Kaiser nicht allwissend ist!« Ohne weiter zu zögern, griffen sich die beiden Jungen das zitternde Tierchen und machten sich auf den Weg in den Palast.

Dort begaben sie sich in den Großen Ratssaal, wo der Kaiser täglich zur festgesetzten Stunde sein Volk traf, um Recht zu sprechen und Hilfe zu gewähren. Vorlaut, wie sie waren, gelang es Ping und Pong, als Erste vor den Kaiser zu treten.

»Kaiser, sag uns«, hob Ping mit zuversichtlicher Stimme zu sprechen an, »das Vögelchen hinter unserem Rücken: Lebt es oder ist es tot?«

Der Kaiser betrachte die beiden eine Weile schweigend. Dann lächelte er und sagte: »Lieber Ping und lieber Pong. Ob das Vögelchen lebt oder stirbt, liegt allein in euren Händen!«

Ob Ihr Wachstumsprozess von nun an lebt oder stirbt, das liegt allein in Ihren Händen.

Machen Sie etwas daraus!